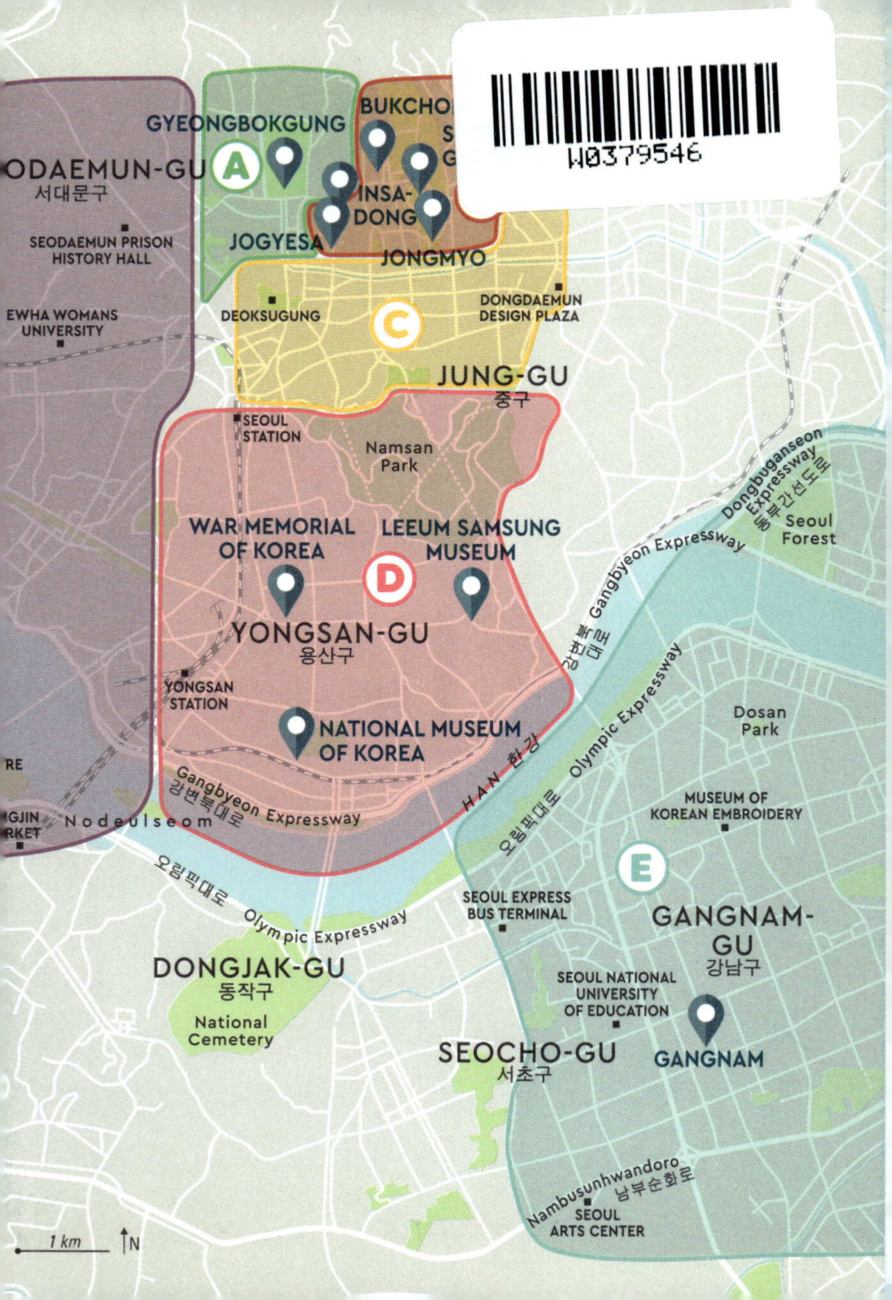

GYEONGBOKGUNG
A
BUKCHO
INSA-DONG
JOGYESA
JONGMYO
ODAEMUN-GU
서대문구
SEODAEMUN PRISON HISTORY HALL
EWHA WOMANS UNIVERSITY
DEOKSUGUNG
C
DONGDAEMUN DESIGN PLAZA
JUNG-GU
중구
SEOUL STATION
Namsan Park
WAR MEMORIAL OF KOREA
LEEUM SAMSUNG MUSEUM
D
YONGSAN-GU
용산구
YONGSAN STATION
NATIONAL MUSEUM OF KOREA
Gangbyeon Expressway
강변북대로
Nodeulseom
HAN 한강
Gangbyeon Expressway
강변북대로
Dongbuganseon Expressway
동부간선도로
Seoul Forest
Olympic Expressway
오림픽대로
Dosan Park
MUSEUM OF KOREAN EMBROIDERY
E
SEOUL EXPRESS BUS TERMINAL
GANGNAM-GU
강남구
오림픽대로
Olympic Expressway
DONGJAK-GU
동작구
National Cemetery
SEOUL NATIONAL UNIVERSITY OF EDUCATION
SEOCHO-GU
서초구
GANGNAM
Nambusunhwandoro
남부순화로
SEOUL ARTS CENTER
1 km
N

INCONTOURNABLES

B

Bukchon

Un îlot de ruelles préservées entre Samcheong-dong et Gahoe-dong, où semble encore s'épanouir la Séoul d'antan. Dans les magnifiques *hanok*, les maisons traditionnelles en bois, se nichent ateliers d'artisanat, cafés et magasins tendance.

B

Secret Garden

Autrefois réservé au roi et à son entourage, ce Jardin secret (Biwon) flamboie à l'automne, quand ses arbres se parent de couleurs vives. Un paysage de cours d'eau et de petits pavillons, propice à la méditation.

D

National Museum of Korea

Un musée tentaculaire, indispensable pour appréhender l'histoire et la culture coréennes. Le meilleur moyen de l'explorer : se fixer un but (une période, une dynastie, un art) !

B

Insa-dong

Un quartier commerçant, ancien lieu de résidence de dignitaires, parcouru de rues piétonnes vivantes et pourvues d'échoppes à trésors.

A

Gyeongbok-gung

Le "palais du Bonheur resplendissant", le plus grand de la capitale, siège du pouvoir de la dynastie Joseon (1392–1910), rayonne au cœur de la cité.

SÉOUL AUTREMENT

SÉOUL
AUTREMENT

E ASSISTER À UN MATCH DE BASE-BALL

Supporters endiablés, pom-pom girls, bière et poulet frit... Le base-ball est une religion très codifiée en Corée du Sud ! Une expérience à vivre au Jamsil (Doosan Bears, LG Twins) ou au Mokdong Stadium (Kiwoom Heroes).

→ **Jamsil Stadium** 25, Olympic-ro M° Sports Complex
→ **Mokdong Stadium** 914 Mokdong M° Omokgyo
→ Calendrier des matchs sur eng.koreabaseball.com
Tarif 8 000 à 60 000₩ Achat au guichet ou sur ticket.interpark.com (en coréen)

E MARCHER SUR LE TOIT DE SÉOUL

La Lotte World Tower, plus haut gratte-ciel du pays, transperce le ciel de sa tête affûtée à deux pointes. Le SkyBridge les relie à 541 m de hauteur, offrant une vue à 360° sur la capitale. Une passerelle à traverser par petits groupes (12 max.), bien harnaché, pour un souvenir vertigineusement inoubliable !

→ **Sky Bridge Tour** Lotte World Tower 300, Olympic-ro
Avr.-nov. : mer.-sam. 13h-20h Durée 1h
seoulsky.lotteworld.com Tarif 100 000₩

F FAIRE UNE RANDONNÉE PANORAMIQUE À INWANGSAN

La "montagne du roi généreux" est parcourue de sentiers fléchés recelant tous des points de vue incroyables. Celui qui part de la station de métro Dongnimmum rejoint le sanctuaire chamaniste Guksadang et longe Seoul Seonggwak, l'ancienne muraille de la cité, avant d'atteindre le sommet d'où la vue porte, par beau temps, jusqu'en Corée du Nord !

→ Départ de la station de métro Dongnimmum (ligne 3), entrée du parc Inwangsan à 10 min Durée 3h AR
→ Prévoir de l'eau et une paire de chaussures confortables

(F) VIVRE UNE SOIRÉE CORÉENNE À HONGDAE

Un barbecue arrosé de *soju*, suivi d'un *chimaek* (poulet frit et bière), puis une séance de *noraebang*, le karaoké coréen, avant de passer de bar en club : à Hongdae, fief étudiant, les nuits sont longues ! Quelques adresses parmi des centaines :

→ **Dojeok** 3 Eoulmadang-ro 5-gil
→ **Rotary Chicken** 34 Jandali-ro 6-gil
→ **Su Noraebang** 37 Waousan-ro 21-gil
→ **Vinyl** 61-1 Wausan-ro

(D) GOÛTER AU JJIMJILBANG, LE SAUNA CORÉEN

Les Coréens s'y rendent 24h/24 pour faire un brin de toilette, se détendre, papoter en grignotant entre deux bains et même... y passer la nuit ! Pour tenter l'expérience, rendez-vous au Dragon Hill Spa, la version à la fois chic et kitsch de ce pan de culture coréenne. Au programme : sauna et bains, mais aussi la "Ice Room" inspirée des réfrigérateurs de glace de la dynastie Joseon... Revigorant !

→ **Dragon Hill Spa** 40 Hangang-daero 21na-gil, Yongsan-gu Tlj. 24h/24 www.dragonhillspa.com Tarif 13 000-16 000₩

(A) SÉJOURNER AU TEMPLE GEUMSUNSA

Au nord de la capitale, dans le parc national du mont Bukhansan, ce temple bouddhiste vieux de 600 ans ouvre ses portes aux visiteurs ! Loin d'un séjour tout confort, cette retraite spirituelle vise à s'approcher au plus près du mode de vie monastique. Au programme : méditation, 108 prosternations, repas végétarien et contemplation. Magique !

→ **Geumsunsa** 196-2, Gugidong, Jongno-gu Tél. 010 2685 9913 Rés. sur eng.templestay.com Tarif 30 000₩/3h (14h-17h) ; 60 000₩/nuit (de 14h30 à 11h le lendemain)

BIENVENUE À

SÉOUL

Mégalopole mutante et noctambule, cité verticale de néons et de démesure construite au milieu de montagnes, Séoul déroute et fascine. Des écrans géants posés sur les tours de verre de Gangnam ou Yeouido à la splendeur calme des palais royaux hérités de la dynastie confucéenne Joseon, la capitale sud-coréenne est un kaléidoscope en perpétuelle métamorphose.

Le voyageur y est d'abord accueilli par un paysage urbain effarant de barres d'appartements qui s'étirent à perte de vue, dominos identiques et nécessaires pour abriter une population de 25 millions d'âmes, grande banlieue comprise. Puis il tombe vite sous le charme des vieilles ruelles, des maisons de thé cachées dans les demeures traditionnelles, des temples bouddhiques nichés sur les hauteurs... La multitude de restaurants conviviaux et de stands de rue permet aussi de découvrir une cuisine variée, généreuse, et riche en saveurs.

Séoul, c'est aussi la nouvelle capitale culturelle de l'Extrême-Orient, dont le bouillonnement créatif s'exprime au travers d'expos avant-gardistes, de sa scène rock indé, ou encore d'une culture populaire, de films et d'une musique pop qui ont fait le tour du monde. Pourtant, son vrai visage, Séoul ne le dévoile qu'à la nuit tombée : il faut se perdre dans les quartiers effervescents de Hongdae, Sinchon ou Itaewon, ouvrir des portes, baisser la garde, ne jamais refuser les verres de *soju* offerts par ses voisins de table, et se laisser ainsi porter jusqu'à l'aurore...
Avec Cartoville, la ville s'ouvre à vous !

Retrouvez dans ce guide toutes les bonnes adresses de Clément Charles. Coréen d'adoption, Clément habite Séoul depuis 15 ans et connaît la ville comme sa poche

B

Jongmyo

Un très long sanctuaire en bois, solennel écrin des tablettes funéraires des rois de la dynastie Joseon. Début mai, leurs héritiers leur rendent hommage selon un rite vieux de six siècles.

D

War Memorial of Korea

Entouré de monuments poignants, ce musée imposant parcourt toute l'histoire de la Corée du Sud, sous l'angle de la guerre, et offre les clés pour aider à la compréhension d'une société souvent décrite comme militariste, et sous la menace du Nord depuis 1945.

B

Jogyesa

Le premier temple bouddhique traditionnel construit dans le centre de Séoul, dès la chute de la dynastie confucéenne Joseon, en 1910 ! Il est ensuite devenu le quartier général de l'ordre Jogye (bouddhisme de type zen). Silence et discrétion de rigueur, surtout lors des prières et de la méditation.

E

Gangnam

La Séoul moderne et matérialiste dévoile au sud du fleuve Han sa version la plus chic ! Au hasard des rues Apgujeong-ro et Garosu-gil : boutiques de luxe, cliniques de chirurgie esthétique, cafés clinquants, bars *trendy* et défilé permanent de Séouliennes tirées à quatre épingles.

D

Leeum Samsung Museum

Les plus dignes représentants de l'art contemporain sud-coréen (Nam June Paik, Lee Ufan) sont exposés au Leeum, aux côtés d'artistes internationaux. Une remarquable collection d'art moderne et contemporain, la plus importante de Séoul, fondée par Lee Kun-hee, ancien patron du conglomérat Samsung, décédé en 2020.

JOUR 3 .... Ⓒ Ⓓ

MATIN

Une petite marche de bon matin ? Les moins courageux emprunteront le téléphérique pour grimper à Namsan, où la **N Seoul Tower** dévoile un panorama à 360° sur la capitale qui, elle, ne dort jamais !

Redescendez vers la porte de Sungnyemun et engouffrez-vous dans les allées du marché de **Namdaemun**. Ici, les marmites fumantes des gargotes côtoient un vrai bric-à-brac de vêtements, objets et souvenirs en tout genre.

À quelques rues de là, les stands kitsch laissent la place aux buildings vitrés et aux boutiques de mode tendance : vous voici à **Myeong-dong**, LE quartier du shopping des jeunes Séouliens.

On adore
Les stands de street food de Myeong-dong **(C** C2-C3) : *kimbap*, *gyeran bbang*, brochettes... Il y en a pour tous les goûts !

APRÈS-MIDI

Faites un crochet afin d'assister à la relève de la garde devant le palais **Deoksugung** (à 11h, 14h et 15h30, sauf le lundi), avant de gagner le **Cheonggyecheon**. Longue de 6 km, cette promenade au bord du canal, ponctuée de petites cascades et d'installations d'art, accueille une multitude de marchands ambulants et les promeneurs de tous âges !

Un petit creux ? Osez un détour par le **marché Gwangjang** et attablez-vous au coude à coude à l'une des gargotes pour goûter un *bindaetteok*.

Reprenez le canal jusqu'à Dongdaemun. Là, un ovni architectural attire tous les regards : le **Dongdaemun Design Plaza**, spectaculaire centre de la mode et du design de Zaha Hadid. Partout autour, centres commerciaux et marchés grouillent d'animation de jour comme de nuit.

SOIR

Toujours pas fatigué ? Direction **Itaewon**, l'autre rendez-vous des oiseaux de nuit, à l'ambiance cosmopolite : un repas au Maple Tree ? Un verre au Corona Bar ? Une soirée électro au Cake Shop ? Le choix est illimité !

SÉOUL

EN 3 JOURS

JOUR 1 .... A B

MATIN

Entrez dans la Séoul séculaire par la grande porte : **Gwanghwamun**. Sa perspective ouvre au sud sur la tentaculaire place du même nom et, au nord, sur **Gyeongbokgung**, le plus grand palais royal du pays.

Après la visite de ses pavillons et jardins, empruntez la porte de l'est et rejoignez les quartiers d'art et d'artisanat de **Samcheong-dong** et de **Bukchon**. Le long des ruelles étroites et pentues, les *hanok* en bois abritent maisons de thé, galeries d'art, ateliers traditionnels et boutiques de créateurs.

Flânez en profitant du panorama sur la ville, avant de vous arrêter chez **Manamin Recipe** pour avaler un authentique *bibimbap* bio !

APRÈS-MIDI

Gagnez **Insa-dong** et courez les boutiques d'antiquités et de souvenirs avant de vous offrir une pause chez Yechajip. Au choix : thé en hiver et, en été, un *bingsu* rafraîchissant (glace pilée agrémentée de fruits et de haricots rouges) !

Après un détour par le sanctuaire confucéen de **Jongmyo** ou, au choix, par le palais **Changdeokgung** et son Jardin secret, continuez votre pérégrination au gré des rues du quartier bohème et tendance d'Ikseon-dong.

Instant spirituel
Les moines du temple Jogyesa (**B** A4) se réunissent au crépuscule pour prier. Un moment à observer discrètement de l'extérieur du sanctuaire.

SOIR

Au menu ce soir, un repas en accord avec les préceptes bouddhiques chez Balwoo Gongyang, puis direction les rues animées de **Jonggak**, pour quelques parties de jeux chez Zzang Games, un film dans un DVD-bang ou pour pousser la chansonnette dans l'un des nombreux *noraebang* que compte le quartier !

JOUR 2 .... D E F

MATIN

On engloutit un *hotteok* (pancake à la cannelle) acheté dans la rue, et on file faire le plein d'histoire et de culture au **National Museum of Korea** ou au **War Memorial of Korea**. Les férus d'art contemporain, eux, en prennent plein les mirettes au **Leeum Samsung Museum**.

Sur un air de *Gangnam Style*, traversez le fleuve Han pour un voyage dans la Séoul moderne, chic et ultraconnectée : le quartier de **Gangnam** !

APRÈS-MIDI

Après avoir goûté aux *jjigae* (attention au piment) de Sigol Yachae Doenjang, ralliez **Garosu-gil**, l'artère la plus *trendy* du pays, ou **Apgujeong Rodeo**, pour un shopping encore plus luxueux. C'est le moment de vous familiariser avec les dernières tendances de la capitale !

Au cœur de cette frénésie de consommation, le temple **Bongeunsa**, véritable îlot de calme, invite à la contemplation.

À quelques stations de métro se dresse fièrement la **Lotte World Tower**, plus haute tour du pays, qui ne manque pas de réjouissances : *mall*, musée, observatoire, et le fabuleux bar 81, d'où regarder se coucher le soleil !

Un peu de sport
Aux beaux jours, on enfourche un vélo en libre-service afin de rejoindre le Yeouido Hangang Park (**F** D3) via les pistes cyclables qui longent le fleuve Han. Début avril, les cerisiers s'y parent de milliers de fleurs !

SOIR

Cap au nord-ouest, pour humer l'ambiance étudiante de **Hongdae**, où la soirée s'annonce festive ! Après un *samgyeopsal* ou un *takgalbi* arrosé de quelques verres de *soju*, suivez la foule qui écume joyeusement les nombreux bars jusqu'au petit matin.

Gyeongbokgung

National Palace Museum

★ **Cheong Wa Dae** C1
Adossé au mont Bukhan, le complexe gouvernemental mélange, sans la moindre retenue, architectures traditionnelle et moderne. En son centre, s'élève le toit bleu de la résidence du président (1991), placée sous haute surveillance. À l'ouest, de l'autre côté du carrefour, le musée Sarangchae, pour une plongée ludique dans l'histoire de la République, ses grandes figures et ses événements politiques.
→ 1 Cheongwadae-ro, Jongno-gu Visites guidées à réserver 3 sem. à l'avance sur tour.president.go.kr ***Sarangchae Museum*** *45 Hyoja-ro 13-gil Tél. 723 0300 Mar.-dim. 9h-18h*

★ **National Folk Museum** C2
Le Musée ethnographique national, dans trois élégants édifices imitant les célèbres temples Bulguksa et Beopjusa. Il conte cultures et traditions populaires en trois actes : histoire (du paléolithique à la fin du XXe s.), coutumes au gré des quatre saisons, croyances et rituels ponctuant le cycle de la vie.
→ 37 Samcheong-ro Tél. 3704 3114 Mars-oct. : tlj. 9h-18h (19h le w.-e. en été) ; nov.-fév. : tlj. 9h-17h

★ **National Museum of Modern and Contemporary Art (MMCA)** C2
Les arts moderne et surtout contemporain occupent les espaces impressionnants de cet ancien site militaire. Ambitieux, le MMCA s'est imposé comme un lieu majeur d'expositions d'artistes coréens et étrangers.
→ 30 Samcheong-ro, Jongno-gu Tél. 3701 9500 Tlj. 10h-18h (21h sam.) Tarif 4 000₩

Gyeongbokgung C2
Cet imposant palais royal (1395) marque la fondation de la dynastie Joseon. Fort symbole de la souveraineté nationale, par deux fois mis à mal par les Japonais (1592 et 1911), il a retrouvé sa majesté : Gwanghwamun, sa porte principale, se dresse à nouveau à son entrée et, chaque heure (10h-15h), des soldats en costumes rejouent la relève de la garde.
→ 161 Sajik-ro, Jongno-gu Tél. 3700 3900 Mer.-lun. 9h-18h (17h nov.-fév., 18h30 mai-août) Tarif 3 000₩

★ **National Palace Museum of Korea** B3
Le musée des Palais royaux 500 ans d'héritage culturel et de splendeur de la cour, à découvrir à travers une collection de 40 000 œuvres

Cheong Wa Dae

National Folk Museum

MMCA

A

Gwanghwamun / Samcheong-dong

Gwanghwamun, cœur historique de la ville et centre séculaire du pouvoir. Au nord, Cheong Wa Dae, la Maison bleue du président, les ministères et les résidences officielles s'ordonnent autour du palais de Gyeongbokgung et de ses pavillons, prestigieux témoins de Hanseong, l'ancienne capitale royale. Au sud, trafic incessant sur la place Gwanghwamun, où un flot de Séouliens affairés, parfois fendu de colonnes de troupes royales, débouche face à d'imposants écrans lumineux. Au nord-est, l'ancien quartier de la noblesse, Samcheong-dong, avec ses galeries d'art, ses boutiques et ses cafés *trendy*.

Tosokchon

Soseonjae

RESTAURANTS

Jongno Bindaetteok
종로빈대떡 B4 ①
Une enseigne populaire et conviviale ! Au coude à coude sur de grandes tablées ou à un bout de comptoir, on déguste des *bindaetteok* (épaisses crêpes à base de farine de haricot mungo) fourrées au porc ou aux fruits de mer. Plat 8 000-24 000₩.
→ *21 Sejong-daero 23-gil, Jongno-gu Tél. 737 1857 Tlj. 11h30-0h*

Samcheong-dong Sujebi 삼청동 수제비 D1 ②
Une salle sans chichis, des serveuses qui s'activent et une file qui s'étire devant la porte... On y vient pour le *sujebi* : nouilles épaisses et pommes de terre dans un bouillon d'anchois et d'algues.
Plat 9 000-20 000₩.
→ *101-1 Samcheong-ro, Jongno-gu Tél. 735 2965 Tlj. 11h-21h*

Hwangsaengga Kalguksu
황생가칼국수 C2 ③
Face au musée d'Art moderne et contemporain, une adresse réputée, incontournable et toujours bondée. Spécialités de *kalguksu*, des nouilles de blé servies dans un bouillon chaud (ou glacé), de *mandu* (gros raviolis) et de lamelles de porc cuites à la vapeur et enroulées dans du *kimchi*.
Plat 9 000-20 000₩.
→ *78 Bukchon-ro 5-gil, Jongno-gu Tél. 739 6334 Tlj. 11h-21h30*

Mananim Recipe
마나님 레시피 D3 ④
Quatre petites tables dans une pièce encombrée de bocaux de condiments et d'un bric-à-brac éclectique. Chez la "Vieille Madame", les recettes se déclinent en biologique et végétarien. Et, des *kimchi* aux pâtes *al dente* en passant par le *bibimbap* épicé, tout est fait maison ! Goûter au pain et aux fromages.
Plat 9 000-38 000₩.
→ *65 Yunposun-gil, Jongno-gu Tél. 722 2337 Tlj. 11h30-21h*

Tosokchon
토속촌 A3 ⑤
On vient dans cette vénérable institution pour son *samgyetang* : une fois installé dans l'une des salles ordonnées autour de cours fleuries, chaque convive reçoit un bol de cette soupe laiteuse et douce au ginseng. Dans le bouillon, un coquelet garni de riz gluant, de jujubes et de châtaignes. Réputé très tonifiant !
Menu 18 000-30 000₩.

Killibangbang

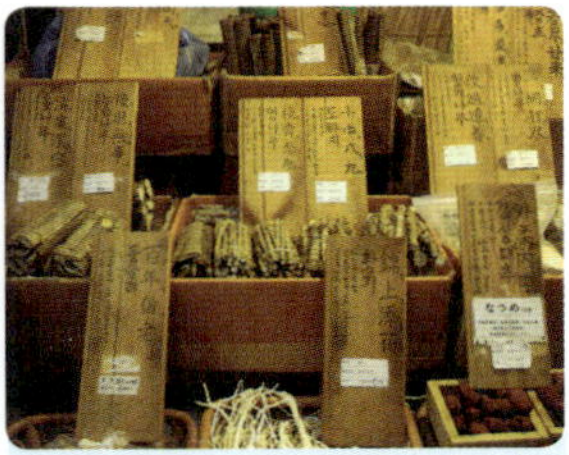

Tongin Market

Samcheong-dong

→ *5 Jahamun-ro 5-gil, Jongno-gu Tél. 737 7444 Tlj. 10h-21h30*

Soseonjae
소선재 D1 (6)
Pour festoyer dans un *hanok* habilement restauré, sans s'inquiéter pour sa ligne : farandoles de petits plats alliant, aux saveurs fraîches et raffinées, les vertus diététiques de fleurs, baies, racines ou herbes sauvages ! Menu 14 000 (midi)-38 000₩.
→ *113-1 Samcheong-ro, Jongno-gu Tél. 730 7002 Tlj. 11h-15h, 17h-21h*

BeUnusual
비언유주얼 D1 (7)
Une expérience mêlant gastronomie et mapping 3D ! Ici le menu saisonnier inspire une décoration projetée sur les murs, colorant chaque plat d'une atmosphère différente. Un vrai dîner-spectacle gastronomique ! Réserver. Menu 109 000₩.
→ *96 Samcheong-ro (niveau 2F), Jongno-gu Tél. 0507 1459 1089 Mer.-lun. 16h30-22h*

CAFÉS, SALONS DE THÉ, BARS

Dae-o Seo-jeom
대오서점 A2 (8)
Ce minuscule *hanok* au charme suranné cachait autrefois une librairie. C'est aujourd'hui un café *trendy* pour hipsters et couples d'amoureux : un concentré de l'esprit du quartier de Seocheon.
→ *55 Jahamun-ro 7-gil, Jongno-gu Tél. 735 1349 Mar.-dim. 12h-21h*

Seoulseo Douljjaero Jalhaneunjib
서울서둘째로잘하는집 D1 (9)
Un salon de thé désuet, témoin du temps du Skaï et du Formica ! Au "second meilleur endroit de Séoul", le *patjuk* (bouillie sucrée aux haricots rouges) et le *sujeonggwa* (boisson à base de kaki, relevée à la cannelle, au gingembre et au poivre) sont de première qualité.
→ *122-1 Samcheong-ro, Jongno-gu Tél. 734 5302 Mar.-dim. 11h-20h30*

Cha Mashineun Tteul
차 마시는 뜰 D2 (10)
Un magnifique salon de thé, dans une maison centenaire, perchée sur une corniche qui domine le quartier.
→ *26 Bukchon-ro 11 na-gil, Jongno-gu Tél. 722 7006 Mar.-dim. 12h (11h w.-e.)-21h*

Killibangbang
킬리뱅뱅 A3 (11)
Une vieille maison rénovée dans une ruelle traditionnelle très animée qui, le soir venu, ne désemplit pas. Belle sélection de whiskys, bières pression artisanales et petite restauration.
→ *23 Jahamun 1-gil, Jongno-gu Tél. 010 5198 2523 Tlj. 18h-3h*

La Clé 라 끌레 D1 (12)
Le rendez-vous secret des amateurs de jazz de Samcheong-dong : un petit bar très cosy, chaleureux et bien caché.
→ *42 Palpan-gil, Jongno-gu Tél. 734 7752 Tlj. 19h-0h*

SPECTACLES, ART, BIEN-ÊTRE

Sejong Art Center
세종문화회관 B4 (13)
Dédié aux arts de la scène, un immense centre avec deux grands théâtres : musiques traditionnelle, classique, moderne ou expérimentale, opéra...
→ *175 Sejong-daero Tél. 399 1000 **Billetterie** Mar.-dim. 9h-20h www.sejongpac.or.kr*

Artspace Boan 1942
보안여관 B2 (14)
Une ancienne auberge, repaire de poètes et d'écrivains dans les années 1940, transformée en un espace d'art contemporain : galerie, événements, café. Un lieu culte, qui connaît une deuxième vie.
→ *33 Hyoja-ro, Jongno-gu Tél. 720 8409 Mar.-dim. 12h-18h www.boan1942.com*

The Foot Shop
더풋샵 C4 (15)
Au terme d'une journée de visite éreintante, confier ses pieds – et le reste – aux mains expertes d'un masseur... Zen !
→ *30 Jong-ro 3-gil (niveau 5F), Jongno-gu Tél. 733 1588 Tlj. 10h-23h30*

SHOPPING

Tongin Market
통인시장 A2 (16)
Pour goûter à des myriades de mets alléchants, il faut acheter un plateau-repas à l'entrée de ce ravissant marché couvert à l'ancienne, et le garnir au fil des étals auprès des marchandes au caractère bien trempé !
→ *18 Jahamun-ro 15-gil, Jongno-gu Tél. 722 0911 Tlj. 7h-21h*

Samcheong-dong
삼청동 C1-D1 (17)
Ce quartier éclectique invite à la nonchalance... Pour une balade culturelle dans les galeries d'art le long du Gyeongbokgung, du lèche-vitrine dans les boutiques de créateurs, ou un moment détente dans l'un des cafés et salons de thé autour de Samcheong-ro.

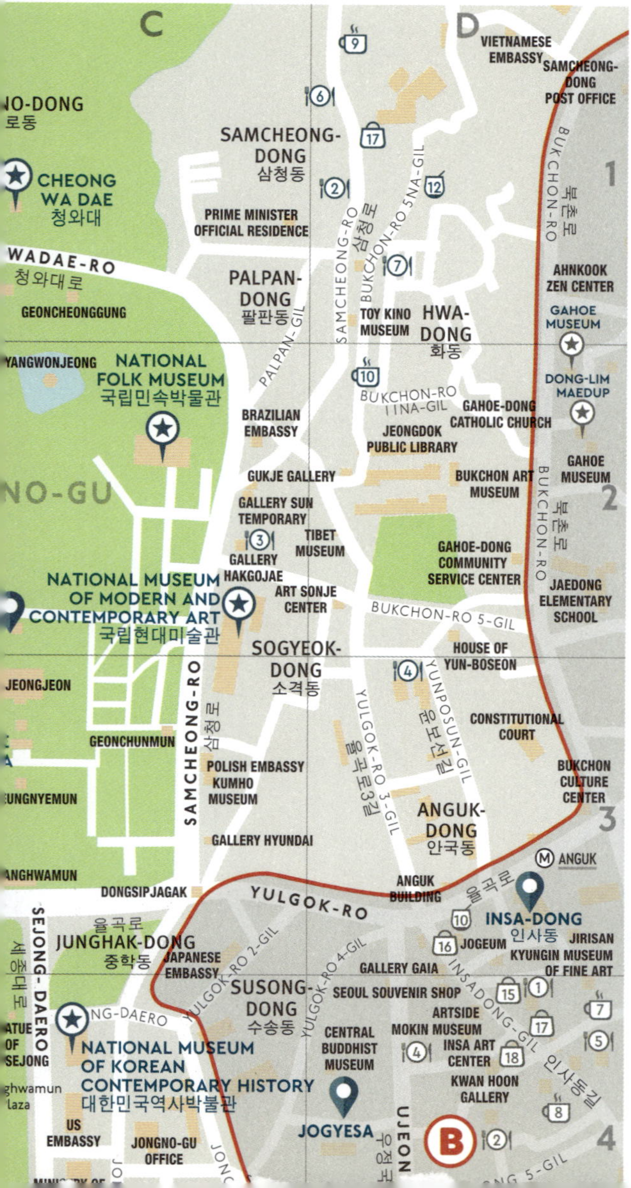

Sungkok Museum of Art

Museum of Contemporary History

Seoul Museum of History

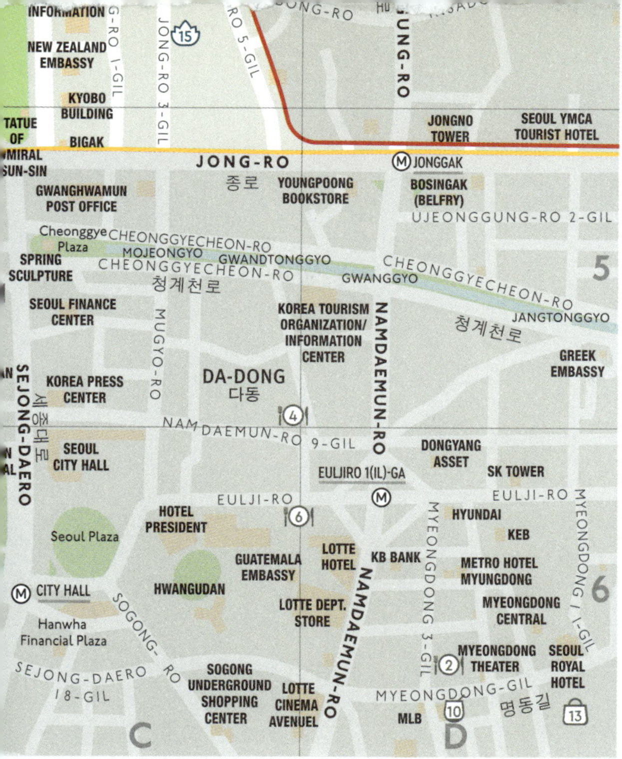

Gyeonghuigung

SeMA Gyeonghuigung Annex

et documents sur la royauté. Mobilier, éléments de décor, nanuscrits, costumes...
→ *12 Hyoja-ro, Jongno-gu, Tél. 3701 7500 Tlj. 10h-18h 21h w.-e.) Entrée libre*

★ Sungkok Art Museum A4
Créée en 1995 et attachée à la promotion des beaux-arts coréens et des artistes contemporains, cette galerie propose une profusion d'expositions : peinture, photo, design ou mode... La visite se termine autour d'un thé au citron dans un jardin agrémenté de sculptures.
→ *42 Gyeonghuigung-gil, Jongno-gu Tél. 737 7650 Mar.-sam. 10h-18h Tarif 5 000₩*

★ National Museum of Korean Contemporary History C4
Le musée d'Histoire contemporaine retrace les dernières décennies du pays. Électroménager, affiches de propagande, voitures anciennes... une collection hétéroclite d'objets du quotidien et de documents historiques témoignent du spectaculaire développement économique et politique coréen.
→ *198 Sejong-daero, Jongno-gu Tél. 3703 9200 Tlj. 10h-18h (21h mer., sam.) Entrée libre*

★ Seoul Museum of History A5
Le musée d'Histoire de Séoul, pour un passionnant parcours en cinq étapes, du XVe s. à nos jours. Œuvres d'art, cartes ou reconstitutions mettent un accent particulier sur le rôle économique et culturel de la capitale à l'ère Joseon, et sur le développement urbain au XXe s. Clou de la visite : une impressionnante maquette interactive de la ville, au 1/1 500e !
→ *55 Saemunan-ro, Jongno-gu Tél. 724 0274 Mar.-ven. 9h-20h, w.-e. 9h-19h (w.-e. 18h nov.-fév.)*

★ Gyeonghuigung A4
Loin des foules se pressant au Gyeongbokgung et de l'agitation du quartier, le calme du palais secondaire (1623) de dix rois de l'ère Joseon invite à la flânerie. Il fut détruit par les Japonais au début du XXe s. pour faire place à une école, et seule une infime partie put être reconstituée en 1988, à partir d'éléments originels retrouvés partout en ville !
→ *45 Saemunan-ro, Jongno-gu, Tél. 724 0274 Mar.-dim. 9h-18h*

★ SeMA Gyeonghuigung Annex A5
Dans l'enceinte du Gyeonghuigung, une annexe du SeMA / Seoul Museum of Art (**C** A2), à l'image d'un chapiteau où se met en scène l'art contemporain.
→ *45 Saemunan-ro, Jongno-gu Tél. 723 0455 Mar.-dim. 10h-18h*

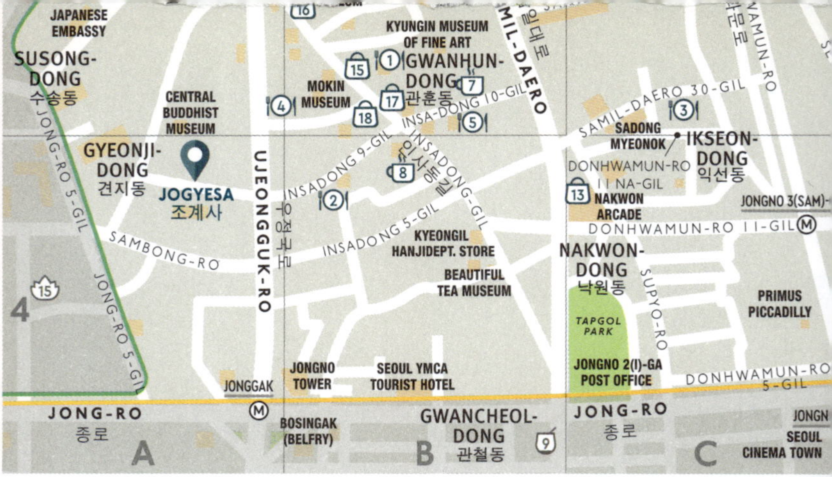

Buckchon

Dong-lim Maedup

Jongmyo D3
Ce solennel sanctuaire confucéen (1395), inscrit au patrimoine mondial par l'Unesco, honore les ancêtres royaux. Dans le *jeongjeon* (pavillon principal) tout en longueur et en sobriété, reposent les tablettes (fermées au public) des esprits de 49 rois et reines de la dynastie Joseon.
→ 157 Jong-ro, Jongno-gu Tél. 765 0195 Sam. 9h-18h (17h30 nov.-jan., 18h30 juin-août) Visites guidées, horaires sur jm.cha.go.kr Tarif 1 000₩

★ Changgyeonggung D2
Reconstruit en 1834, le "palais de la Réjouissance" (1616), résidence des reines douairières, illustre bien la splendeur de l'architecture palatiale du XVIIe s. : porte monumentale, pont de pierre et enfilades de pavillons coiffés de toits aux courbes élégantes... Les Japonais le transformèrent en zoo et jardin botanique, mais une restauration (1986) lui a rendu son prestige.
→ 185 Changgyeonggung-ro, Jongno-gu Tél. 762 4868 Mar.-dim. 9h-21h Tarif 1 000₩

★ Changdeokgung C2
Harmonieusement intégrés au cadre naturel et jouant de la technique japonaise du paysage emprunté, les 13 gracieux bâtiments de l'immense "palais de la Prospérité" (1395) servirent de résidence principale aux souverains, dès le XVIIe s., pendant 260 ans. Admirer les paravents et les plafonds à caissons de la salle du trône, ou *Injeongeon*.
→ 99 Yulgok-ro, Jongno-gu Tél. 3668 2300 Mar.-dim. 9h-18h (17h30 nov.-jan., 18h30 juin-août) Tarif 3 000₩

Secret Garden C2
Dans l'enceinte du Changdeokgung, des allées ombragées, des bassins paisibles et des pavillons solitaires... Un magnifique jardin coréen (1463), où rois et courtisans aimaient à se relaxer et à déclamer des poèmes.
*→ Mar.-dim. 10h-17h (16h30 déc.-jan., 18h juin-août) **Visite guidée** (anglais) obligatoire, horaires sur www.cdg.go.kr Tarif 5 000₩ (en plus de l'entrée au Changdeokgung)*

Bukchon B1
Malgré son côté léché et ses façades rénovées, ce village accroché à flanc de colline retient toute l'âme du vieux Séoul (fin XIXe-début XXe s.). D'en haut, le regard embrasse une mer ondulante de tuiles noires puis se coule dans le labyrinthe des *hanok* blottis les uns contre les autres. Derrière les hauts murs de pierre, passé les portes

Jongmyo

Changgyeonggung

B

Insa-dong / Bukchon / Daehakno

Charmant fouillis d'étals d'antiquités, d'échoppes d'artisanat, de galeries d'art et de salons de thé, où l'on se perd avec délice, Insa-dong se nourrit de tradition et de culture. À l'agitation de cette fourmilière répond la sérénité altière des sites royaux classés par l'Unesco : le sanctuaire Jongmyo et le palais Changdeokgung, qui s'étirent avec majesté vers le nord sur un drapé de jardins. Poursuivre la balade au nord-ouest, vers les pentes de Bukchon, à la rencontre des métiers d'art et de l'architecture urbaine traditionnelle. Tout à l'est, la jeunesse de Daehakno bouillonne d'énergie créative sur les scènes des théâtres autour du parc Marronnier.

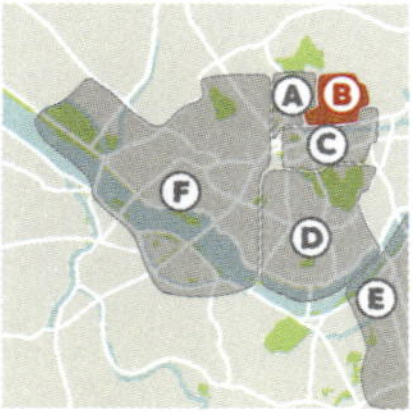

Balwoo Gongyang

Daehakno

RESTAURANTS

Insadong Geujib
인사동 그집 B3 ①
Pour découvrir une excellente cuisine coréenne classique, à petit prix, dans le cadre élégant, de tuiles et de bois, d'un *hanok* rénové. À tester : le tofu servi avec du *kimchi* ou le *dolsot bibimbap*, riz aux légumes crépitant dans un bol de pierre brûlant. Menu 35 000₩ (2 pers.), plat 8 000₩.
→ 3 Insadong 12-gil, Jongno-gu Tél. 737 0575 Tlj. 11h-22h

Imun Seolnongtang
이문설농탕 B4 ②
Depuis presque 120 ans, cette table qui ne paie pas de mine régale ses convives d'un fameux *seollang-tang*, une soupe à l'os de bœuf mijoté pendant 17h dans un riche bouillon à l'apparence laiteuse. Un délice ! Plat 12 000-40 000₩.
→ 38-13 Ujeongkuk-ro, Jongno-gu Tél. 733 6526 Tlj. 8h-15h, 17h-21h (20h dim.)

Ocheon Restaurant
온천집 C3 ③
Au cœur des ruelles animées d'Ikseon-dong, un restaurant niché dans un *hanok* ordonné selon les préceptes du Feng Shui autour d'un petit jardin. Idéal pour se ressourcer autour d'un délicieux *shabu shabu*, la fondue japonaise. À partir de 19 000₩.
→ 31-8 Donhwamun-ro 11 na-gil, Jongno-gu Tél. 762 8215 Tlj. 11h30-15h, 17h-21h30

Balwoo Gongyang
발우공양 A3 ④
Dans un décor moderne et épuré, rien ne vient troubler la dégustation de "bouchées" végétariennes, insolites et délicates. Entre tant d'autres : chips de fruits et légumes séchés, igname et ginseng sauvage sauce au miel et *yuzu*... La cuisine des temples bouddhistes réinventée ! Réserver. Menu 30 000 (midi)-65 000₩.
→ 56 Ujeongguk-ro, Jongno-gu Tél. 733 2081 Lun.-sam. 11h30-15h, 18h-21h30

Sanchon 산촌 B3 ⑤
Dans une grande maison en bois au fond d'une venelle, une institution fidèle aux préceptes bouddhistes ancestraux. En un clin d'œil, la table est couverte de mets où viandes et poissons n'ont pas leur place. Spectacle de danse le soir à 20h. Menu 33 000 (midi)-45 000₩.
→ 30-13 Insadong-gil, Jongno-gu Tél. 735 0312 Tlj. 12h-20h30

Insa-dong

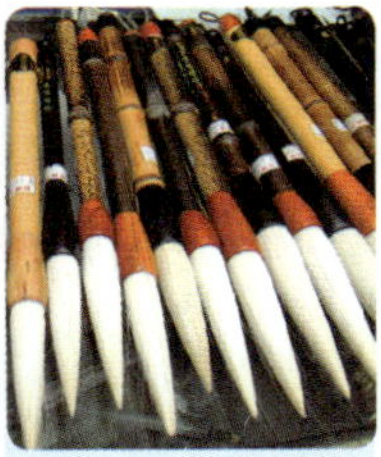

Yeollim Pilbang

Ssamziegil

Yong Su San
용수산 C2 6
Les bienfaits de la cuisine royale et le traitement qui va de pair dans un cadre traditionnel, certes, mais confortable ! 6 choix de banquets pour tous les budgets. Plat (midi) 25 000-35 000 ₩, menu (soir) 62 000-168 000₩.
→ *2 Changdeokgung 1-gil, Jongno-gu Tél. 743 5999 Tlj. 12h-15h, 18h-21h30*

SALONS DE THÉ, CAFÉS

Dawon 다원 B3 7
Une halte reposante en plein cœur d'Insa-dong : le salon de thé d'un petit musée d'art. Aux beaux jours, on sirote un verre d'*omijacha* (thé glacé aux baies) à l'ombre des arbres fruitiers du jardin.
→ *11-4 Insadong 10-gil, Jongno-gu Tél. 730 6305 Tlj. 11h-21h*

Yechajip
옛찻집 B4 8
Vieux plancher grinçant, fontaines gargouillantes, bric-à-brac d'antiquités : un "salon de thé de l'ancien temps" bien encombré où siroter *mogwacha* (thé au coing) et partager biscuits au riz soufflé avec les oiseaux en liberté dans la maison !
→ *1er étage, 33-1 Insadong-gil, Jongno-gu Tél. 722 5332 Tlj. 10h-23h (22h dim.)*

Hakrim Dabang
학림다방 E2 9
Un établissement rétro ouvert en 1956 et dont les murs, tapissés de portraits, racontent l'histoire.
Le lieu est fréquemment utilisé pour des tournages et est reconnu pour son excellent café !
→ *23 Daehak-ro 9-gil, Myeongnyun 4-ga, Jongno-gu Tél. 742 2877 Tlj. 11h-21h (20h w.-e.)*

BARS, CLUBS, THÉÂTRES

Pub of the Blue Star
푸른별주막 B3 10
Deux petites salles dans un *hanok* convivial invitent au voyage, autour d'un poêle à bois en hiver : calligraphies, photos et drapeaux tibétains. Idéal pour trinquer autour d'un pot de *maegkoli* au thé vert.
→ *17-1 Insadong 16-gil, Jongno-gu Tél. 734 3095 Tlj. 16h-0h*

Jazz Story 재즈스토리
hors plan E1 11
Chaque soir, des musiciens se produisent sur la scène de ce repaire secret des amateurs de jazz. Cadre convivial et gentiment déglingué.
→ *88 Hyehwa-ro, Seongbuk-gu Tél. 725 6537 Tlj. 17h-2h*

Daehakno
대학로 F2 12
Un quartier comme un joyeux laboratoire, où les arts de la scène sont à l'honneur !
Dans les rues, les parcs et près de 300 théâtres indépendants : adaptations de pièces, magie, one-man-shows...
→ *Métro Hyehwa*

SHOPPING

Nakwon Sangga
낙원상가 C4 13
Le paradis des musiciens sur deux étages ! Quelques magasins d'instruments traditionnels (aussi dans les rues voisines) et, sur le toit, le Seoul Art Cinema.
→ *428 Samil-daero, Jongno-gu Lun.-sam. 9h-20h*

Bongsanjae
봉산재 B2 14
L'atelier-boutique de Nah Seoung-sook, dans un *hanok* : coffrets, tasses ou tablettes, laqués à l'or fin pour les cadeaux des grandes occasions.
→ *73-6 Gyedong-gil, Jongno-gu Tél. 766 6649 Tlj. 10h-18h (parfois fermé l'après-midi)*

Insa-dong
인사동 B3-B4
Rendue aux piétons chaque week-end, la principale rue du quartier, Insadong-gil, fait commerce d'art et de traditions : boutiques de céramiques, d'antiquités, de thé, galeries et stands de *beondegi* (vers à soie bouillis et sucrés au miel).

Talbang 탈방 B3 15
Mystérieux et enchanteurs, des masques en bois tapissent les murs de cette échoppe familiale.
→ *48 Insadong-gil, Jongno-gu Tél. 734 9289 Tlj. 11h-19h*

Yeollim Pilbang
열림필방 B3 16
Pour faire provision de pinceaux, d'encre de Chine et de *hanji* (papier coréen traditionnel).
→ *58 Insadong-gil, Jongno-gu Tél. 737 3392 Lun.-sam. 10h-20h*

Ssamziegil 쌈지길 B3 17
Artisanat, galeries d'art et souvenirs : 70 boutiques tendance !
→ *44 Insadong-gil, Jongno-gu Tél. 736 0088 Tlj. 10h30-20h30*

GALERIE D'ART

Insa Art Center
인사아트센터 B3 18
Expos à l'avant-garde de l'art contemporain de Corée et d'ailleurs : photos, peintures, sculptures...
→ *41-1 Insadong-gil, Jongno-gu Tél. 736 1020 Tlj. 10h-19h*

Changdeokgung

Secret Garden

Buckchon

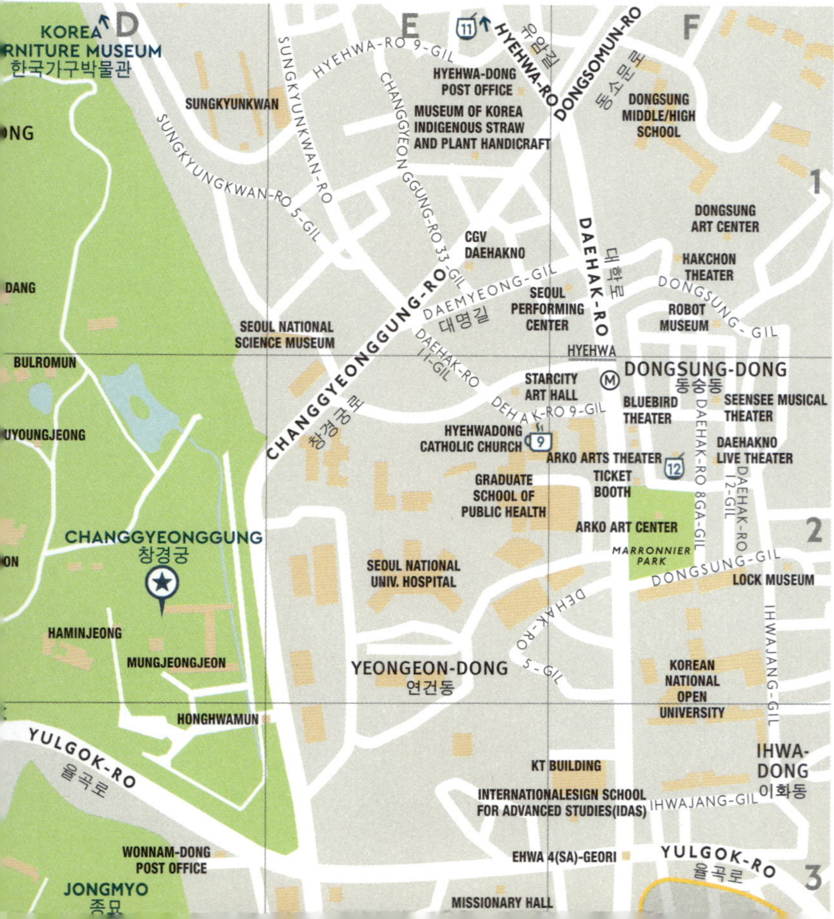

Unhyeongung

Jogyesa

Jogyesa (musée)

n bois, musées, ateliers ou
'es familiales s'ordonnent
utour de petites cours
rivatives.
→ *Entre Changdeokgung-gil, nguk Station et Samcheong-ro, long de Gyedong-gil t Changdeokgung-gil*

★ **Gahoe Museum** B2
ne collection de plus de 500 amulettes et peintures aditionnelles populaires minwha) dans un tout etit *hanok*. Familial !
→ *52 Bukchon-ro 12-gil, Jongno-u Tél. 741 0466 Mar.-dim. 10h-8h (17h déc.-fév.) Tarif 3 000₩*

★ **Dong-lim Maedup** B2
Libellule", "bouton de otus", "fleur de cerisier" : es noms poétiques évoquent... des nœuds ! Un atelier-musée-boutique pour nouer des liens colorés avec l'art du *maedup*, la passementerie coréenne.
→ *10 Bukchon-ro 12-gil, Jongno-gu Tél. 3673 2778 Mar.-dim. 10h-18h*

★ **Arario Museum in Space** C3
Un musée d'art moderne facilement identifiable à sa façade de brique recouverte d'une épaisse couche de lierre. Entre ses murs, les œuvres d'artistes coréens côtoient celles de pointures internationales, dans une audacieuse muséographie.
→ *83 Yulgok-ro, Jongno-gu Tél. 736 5700 Mar.-dim. 10h-19h*

★ **Unhyeongung** C3
Sans fioritures, les bâtiments en bois naturel de ce modeste palais (1873) témoignent de l'austérité confucéenne en usage à la fin de la période Joseon. Ici, le prince Gojong (1852-1919) grandit avec son régent de père, le très conservateur Heungseon Daewongun.
→ *464 Samil-daero, Jongno-gu Tél. 766 9090 Mar.-dim. 9h-18h (19h avr.-oct.)*

Jogyesa A4
Le temple majeur (1910) de l'ordre de Jogye (la principale branche du bouddhisme en Corée) se visite aux petites heures du matin ou au crépuscule... quand les trois bouddhas sont bercés de ferventes incantations ! Aussi un musée d'art bouddhique.
→ *55 Ujeongguk-ro, Jongno-gu*

★ **Korea Furniture Museum** hors plan D1
Musée discret, cher, mais exceptionnel. Dans un cadre somptueux de *hanoks* et de jardins, plus de 2 000 objets et meubles de la dynastie Joseon : tables basses, cabinets, étagères en bois laqué aux lignes raffinées. Visite guidée obligatoire (en anglais), sur réservation.
→ *121 Daesagwan-ro, Seongbuk-gu Tél. 745 0181 Lun.-sam. 14h, 16h kofum.com Tarif 20 000₩*

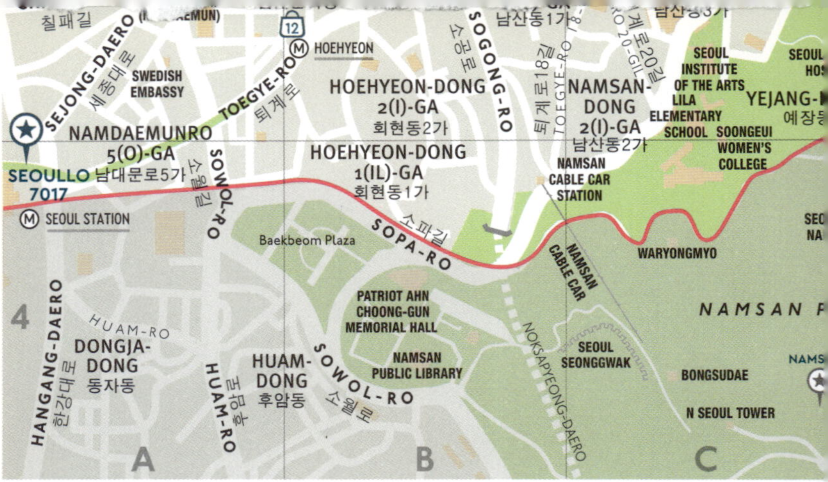

Namsangol Traditional Korean Village

Myeong-dong Cathedral

★ Deoksugung A2
L'histoire de ce palais royal alterne incendies et reconstructions depuis 1593. Sous les cerisiers en fleur ou sous les ginkgos dorés, il réserve une belle balade architecturale au fil des siècles. Ne pas manquer le spectacle de la relève de la garde devant la porte principale !
→ 99 Sejong-daero, Jung-gu
Tél. 771 9951 Mar.-dim. 9h-20h
Tarif 1 000₩

Jeukjodang
Ces harmonieux quartiers servirent de résidence royale deux fois (1593-1615 et 1897-1907), lors des occupations japonaises. Restée intacte depuis le milieu du XVIe s., la salle du trône, Junghwajeon, flamba en 1904 et fut amputée d'un toit lors de sa reconstruction !

Hamnyeongjeon
Même après son abdication en 1907, l'empereur Gojong (1852-1919) vécut dans ces murs empreints d'influences occidentales. À voir dans le jardin, son lieu favori pour la pause-café : l'éclectique et romanesque pavillon Jeonggwanheon (1900), de l'architecte russe Sabatine.

Seokjojeon
Une première architecturale dans une enceinte impériale de l'ère Joseon : en 1910, cet édifice néoclassique imposait ses lignes tracées au cordeau ! Cette résidence que Gojong occupera peu montre son attrait pour l'Occident.

National Museum of Contemporary Art
Face au jardin du Seokjojeon, cet autre bâtiment néoclassique massif (1938) renferme quatre vastes galeries dédiées à l'art contemporain coréen.

★ SeMA / Seoul Museum of Art A2
Dans l'ancienne Cour suprême (1928), les grandes tendances de l'art contemporain s'exposent par roulement. Très belle salle réservée aux œuvres exotiques et poignantes de l'artiste coréenne Chun Kyung-ja.
→ 61 Deoksugung-gil, Jung-gu
Tél. 2124 8928
Mar.-ven. 10h-20h, sam.-dim. 10h-18h (19h w.-e. mars-oct.)

★ Seoullo 7017 A3
Cette ancienne voie rapide surélevée, reconvertie en 2017 en promenade, relie la gare de Séoul au marché de Namdaemun sur plus de 1 km. La ponctuent cafés, boutiques et îlots verdoyants.
→ seoullo7017.co.kr

★ Bank of Korea Money Museum B3
L'histoire de la Banque centrale de Corée et des

Deoksugung

Jeukjodang

C

City Hall / Myeong-dong / Dongdaemun

Plongée dans Séoul la commerçante ! Ici, au cœur de la ville, d'interminables réseaux de galeries souterraines relient les boutiques de luxe des grands magasins aux étals les plus humbles de marchés traditionnels. Inévitables au sud du palais Deoksugung et du City Hall, les allées du populaire marché de Namdaemun tranchent avec l'éclat des vitrines de Myeong-dong, plus à l'est. Magasins spécialisés (luminaires, robinets...) et arcades marchandes bordent le canal Cheonggyecheon jusqu'à Dongdaemun, la grande porte de l'Est, animée jour et nuit par ses marchés de vêtements. À deux pas, le spectaculaire Dongdaemun Design Plaza (DDP), de Zaha Hadid, ancre la capitale dans le XXIe s. !

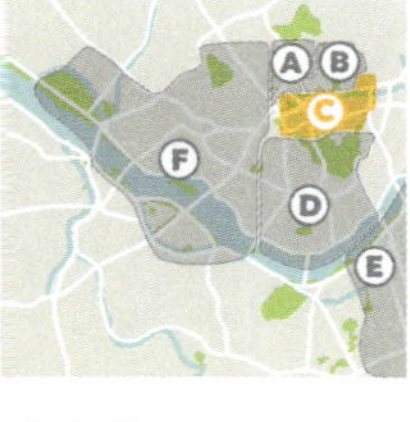

Myeong-dong Donkasseu

Mokpo Sebal Nakj

RESTAURANTS

Dongbuk Hwagwawang
동북화과왕 F1 ①
Au 1er étage d'un bâtiment sans âme, cet authentique restaurant chinois a fait des brochettes de mouton sa spécialité. Pour les accompagner, les aubergines en sauce font l'unanimité.
Plat 10 000-25 000₩.
→ *11 Jong-ro 46-gil, Jongno-gu Tél. 745 5168 Tlj. 11h-0h*

Myeong-dong Donkasseu
명동돈가스 B2 ②
Cette institution (1983) du quartier, au décor un peu kitsch, sert un grand favori de la cuisine japonaise, le *tonkatsu* (porc pané et frit à la sauce aigre-douce, accompagné de choux râpé). Croustillant !
Plat 13 000-19 000₩.
→ *8 Myeongdong 3-gil, Jung-gu Tél. 776 5300 Tlj. 11h-21h*

Lak Hee Oak
락희옥 A2 ③
Caché entre les buildings, un restaurant de cuisine coréenne moderne pour goûter au *bossam*, une pièce de porc cuite dans un bouillon que l'on déguste enveloppé dans une feuille de salade. Fameux aussi, le *bulgogi* et les nouilles au *kimchi*.
Plat 10 000-40 000₩.
→ *135-7 Sejong-daero (niveau 2F), Jongno-gu Tél. 735 9797 Lun.-sam. 11h-23h*

Mokpo Sebal Nakji
목포세발낙지 B2 ④
Dans un quartier où ils abondent, un restaurant spécialiste des poulpes. À découvrir cuisiné sur un grill (*nakji bokkeum*, ou le plus épicé des plats coréens), ou presque vivant (*sannakji*) : tremper simplement les tentacules encore remuants dans l'huile de sésame, et... bien mastiquer avant d'avaler !
Plat 10 000-50 000₩.
→ *20 Namdaemun-ro 9-gil, Jung-gu Tél. 777 7143 Tlj. 11h-22h*

Woo Lae Oak
우래옥 E2 ⑤
Le patron de cette célèbre “maison des multiples retours” a fui la Corée du Nord, en emportant ses recettes. *Naengmyeon* et autres plats à la mode de Pyongyang régalent depuis 1946 une clientèle d'émigrés nostalgiques aisés. Plat 13 000-59 000₩.
→ *62-29 Changgyeonggung-ro, Jung-gu Tél. 2265 0151 Mar.-dim. 11h30-21h30*

Pierre Gagnaire à Séoul B2 ⑥
Dans des salons comme des jardins à la française,

Nanta

Myeong-dong

Gyeongdong Market

suspendus au-dessus de la ville, l'hommage de Pierre Gagnaire à la Corée. Subtils contrastes de textures et de couleurs dans des assiettes françaises influencées par les saveurs d'ici. Menu 90 000 (midi)-340 000₩.
→ *Hôtel Lotte, New Wing, 35ᵉ étage, 30 Eulji-ro, Jung-gu*
Tél. 317 7181
Tlj. 12h-15h, 17h30-21h (dernière commande 19h)

CENTRES CULTURELS

Seoul Animation Center
서울애니메이션센터
B3 7
À deux pas de la frénésie de Myeongdong, ce centre haut en couleur et plein de personnalité(s) fait la joie des petits et grands fans d'animation : salle de jeux, ateliers de création de contenu animé, dessins animés, etc.
→ *48 Sogong-ro, Jung-gu*
Mar.-dim. 10h-18h
www.ani.seoul.kr

The Korea House
한국의집 D3 8
La vitrine du patrimoine culturel coréen dans quatre pavillons traditionnels (1980) : spectacles, cérémonies de mariage, ateliers de cuisine, de fabrication de masques ou de papier…
→ *10 Toegye-ro 36-gil, Jung-gu*
www.koreahouse.or.kr

LOISIRS, SPECTACLES

Zzang Games
짱오락실 C2 9
Entre les DVD-bang, ces salles de projection de film privées, et les karaokés, voici le temple des jeux d'arcade et des dernières nouveautés en termes de réalité virtuelle. Pour les fans de jeux vidéo !
→ *5 Jongro 14-gil, Jongno-gu*
Tél. 333 8334 Tlj. 24h/24

Nanta B3 10
Mimes, arts martiaux, danses et *samulnori* (quartet de percussions) dans une comédie sans paroles, interactive, qui surpasse la barrière de la langue depuis 1977.
→ *Unesco Building 3F, 26 Myeongdong-gil, Jung-gu*
Tlj. 17h, 20h (et 11h sam., 14h ven.-dim) www.nanta.co.kr

Jeongdong Theater
정동극장 A2 11
"Le Palais : l'histoire de Jang Noksu" narre l'histoire d'une courtisane à travers un spectacle non-verbal, aux costumes superbes, qui offre un vaste panorama des arts traditionnels du chant et de la danse.
→ *43 Jeongdong-gil, Jung-gu*
Mar.-sam. 16h
www.jeongdongtheater.com

SHOPPING

Namdaemun Market
남대문시장 B3 12
Vêtements, chaussures, appareils photo, lunettes et lentilles, algues, ginseng… Un immense marché où se côtoient étals, échoppes, boutiques et le grand magasin Shinsegae. Dans l'allée "Galchi jorim", goûter à cette spécialité à base de poisson-sabre.
→ *Métro Hoehyeon, sortie 7*
Tlj. 24h/24 (calme le dim.)

Myeong-dong
명동 C2-C3 13
Un quartier aux façades bardées d'enseignes familières de géants du prêt-à-porter et des cosmétiques, de cafés et de restaurants franchisés.
→ *Tlj. 10h30-23h*

Gwangjang Market
광장시장 E1-E2 14
Fantastique marché populaire toujours très animé : *hanbok* colorés, tissus, vêtements vintage (à l'étage) et, dans l'allée centrale, gargotes réputées pour leur *bindae tteok* et leur *sundae*.
→ *Métro Jongno 5-ga, sortie 8*
Tlj. 7h-0h (calme le dim.)

Dongdaemun Market and Fashion Town
동대문시장 패션타운
F1 15
De la simple échoppe à chaussettes sur le trottoir à l'imposante tour Doota et ses 34 étages dédiés à la mode, un univers de consommation effrénée sur 10 pâtés de buildings ! Ici, tout s'achète, en gros ou à la pièce, à des prix imbattables et à toute heure du jour ou de la nuit. Impressionnant.
→ *Métro Dongdaemun, sorties 6 et 7 Tlj. 24h/24 (calme le lun.)*

Gyeongdong Market
경동시장 hors plan F1 16
Un marché aux herbes où négocier épices, graines, fèves, écorces ou racines pour s'essayer à la cuisine et à la médecine locales.
→ *Métro Jegidong, sortie 2*
Tlj. 8h-19h

Seoul Folk Flea Market
서울풍물시장
hors plan F1 17
Statues de la Vierge, boules de cristal, vieux vinyles, clubs de golf ou artisanat régional, tout se chine aux puces de Séoul !
→ *Métro Sinseol-dong, Dongdaemun-gu*
Tél. 2232 3367
Tlj. 10h-19h (restaurants 22h)
Fermé 2ᵉ et 4ᵉ mar. du mois

Hamnyeongjeon

SeMA / Seoul Museum of Art

Seoullo 7017

Cheonggyecheon

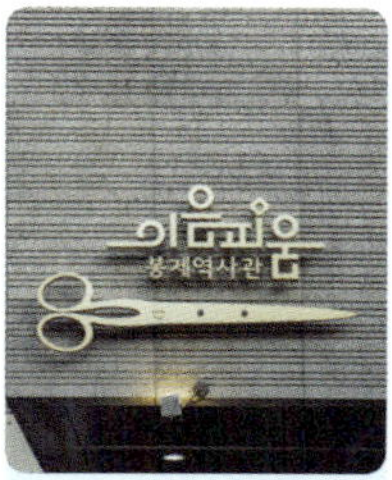

Sewing History Museum

Dongdaemun Design Plaza

monnaies dans une bâtisse de 1912 aux allures de château de la Renaissance ! À voir : les billets contrefaits en Corée du Nord et les monnaies de 170 pays.
→ 39 Namdaemun-ro, Jung-gu Tél. 759 4881 Mar.-dim. 10h-17h

★ Namsangol Traditional Korean Village D3
Lovés au pied de Namsan, cinq *hanok* reconstituent un village du début du XXe s. Pendant que les enfants s'amusent avec des jeux traditionnels, les adultes redécouvrent l'étiquette en société ou apprennent l'art de la cérémonie du thé.
→ 28, Toegye-ro 34-gil, Jung-gu Tél. 2261 0517 Mar.-dim. 9h-20h (21h avr.-oct.)

★ Myeong-dong Cathedral C3
Le clocher en briques de la cathédrale catholique Notre-Dame-de-l'Immaculée-Conception (1898) perce le ciel de Myeong-dong de sa flèche haute de 45 m. Aux heures les plus sombres de la dictature militaire, sa nef gothique accueillait les opprimés.
→ 74, Myeongdong-gil, Jung-gu Tél. 774 1784 Mar.-sam. 9h-19h, dim. 7h-20h

★ Cheonggyecheon D2
La destruction de la voie express qui scindait le centre-ville en deux, du sud de Gwanghwamun (**C** B2) à Dongdaemun (**C** F2), apporta au quartier un renouveau inespéré : en 2005, la rivière Cheonggye, oubliée depuis des décennies, refait surface ! Depuis, Séoul se donne des airs de campagne le temps d'une promenade de 6 km. Un petit creux ou une envie de shopping ? Il suffit de gravir quelques marches et la ville reprend ses droits !

★ Sewing History Museum F1
Un musée-hommage aux ouvrières de l'industrie du textile qui, dans des conditions de travail très dures, ont joué à partir des années 1960 un rôle crucial dans le développement spectaculaire du pays. Au cœur du quartier textile, qui compte toujours, malgré leur déclin, un millier d'ateliers.
→ 24 Changsin 4ga-gil, Jongno-gu Tél. 747 6471 Mar.-dim. 10h-18h

★ Dongdaemun Design Plaza F2
Œuvre futuriste de Zaha Hadid (2014), le DDP déconcerte autant que le ferait un vaisseau spatial lumineux ovoïdal posé sur la ville ! Expositions, boutiques et événements liés à la mode, dont la Fashion Week.
→ 281, Eulji-ro, Jung-gu Mar.-dim. 10h-19h ddp.or.kr

Waryongmyo

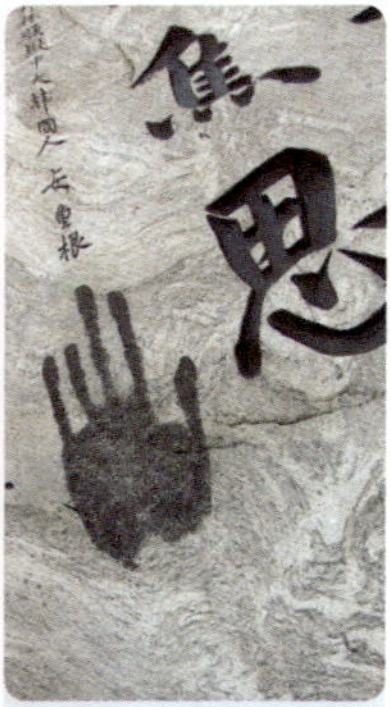

Ahn Choong-gun Memorial Hall

★ Namsan C1
La “montagne du Sud” (265 m), jadis limite méridionale de la capitale royale, se dresse à présent en plein cœur de la ville ! Sur ses pentes : chemins aménagés, bois sauvages, et un jardin botanique. Pour profiter du panorama à moindre effort, emprunter la télécabine ou les bus jaunes nos 2 et 3.

N Seoul Tower C1
Culminant à 480 m au-dessus du niveau de la mer, cette tour de communication (1969) signale Namsan dans tout Séoul. C'est à la tombée du jour, quand s'allument les néons colorés de la cité que se révèle toute la féerie du panorama ! En bas, les jeunes couples viennent sceller d'un cadenas leur amour aux grilles de l'esplanade. Restaurant rotatif.
→ *105 Namsangongwon-gil, Yongsan-gu Tél. 3455 9277 Tlj. 10h-23h (0h sam.) Tarif 16 000₩*

Seoul Seonggwak B1
Reliant les sommets de Bukhansan, Inwangsan, Namsan et Naksan, 18 km de murailles (fin XIVe s.) protégeaient jadis la capitale royale. Elles furent rasées par les Japonais au profit du progrès urbain, et l'on ne retrouve en ville que trois des portes principales : Sukjeongmun au nord (hors plan **A**), Dongdaemun à l'est (**C** F1) et Namdaemun (aussi appelée Sungnyemun) à l'ouest (**C** A3). Mais, sur les flancs des collines, elles réapparaissent parfois au détour d'un bosquet... À Namsan, elle mène au pied de la tour N Seoul, face aux *bongsudae*, foyers jadis utilisés pour communiquer dans le royaume par des signaux de fumée !

Waryongmyo C1
Ce temple (1862) aux couleurs vives camoufle ses sanctuaires taoïstes et chamaniques dans les sous-bois du versant nord. Idéal pour une retraite au calme !
→ *Yejang-dong, Jung-gu Tlj. 8h-16h*

Patriot Ahn Choong-gun Memorial Hall B1
Douze colonnes de verre rendent hommage à Ahn Choong-gun (1879-1910), héros national exécuté pour l'assassinat, en 1909, d'Ito Hirobumi, le premier résident général japonais de Corée. À l'intérieur : écrits, photos, effets personnels...
→ *471-2 Namdaemun-ro 5-ga, Jung-gu Mar.-dim. 9h30-17h (18h mars-oct.)*

Leeum Samsung Museum D2
Spectaculaires, trois musées en un ! Cet écrin

Namsan

N Seoul Tower

Seoul Seonggwak

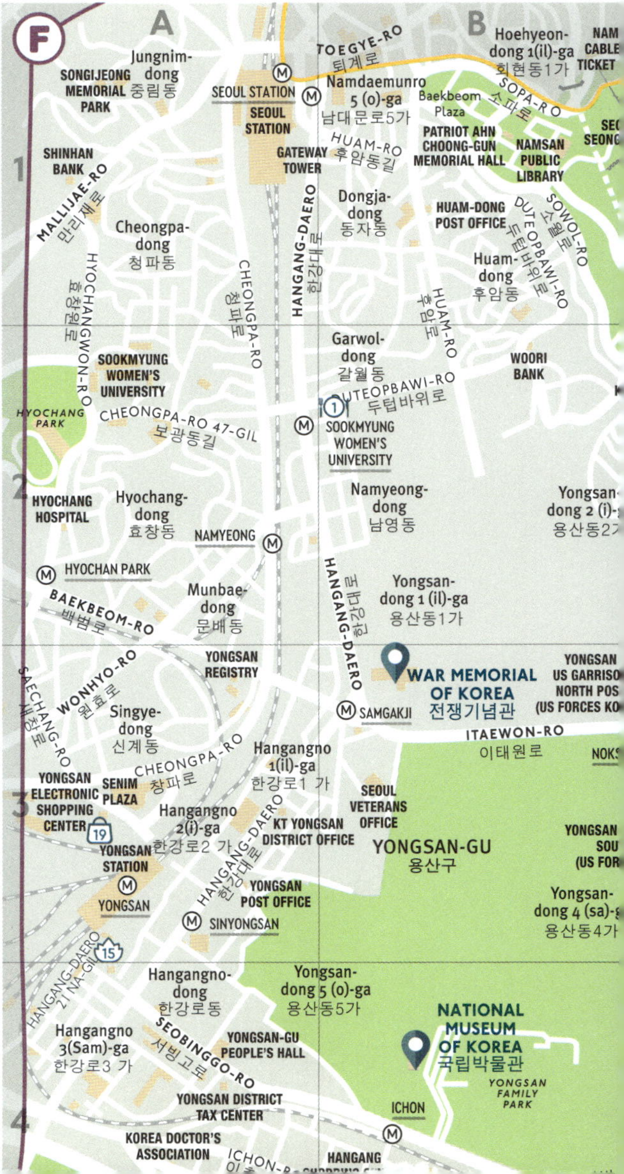

D

Namsan / Itaewon / Yongsan

Des chemins en pente raide gravissent Namsan, colline à la trompeuse tranquillité, qui s'élève en plein centre-ville ! Au pied de son versant sud, entre la base militaire américaine et le fleuve Han, s'étend Itaewon, village planétaire, réputé pour ses nuits sulfureuses : restaurants, bars et clubs à la mode US attirent une faune de noctambules étrangers et coréens avides de rencontres. À l'ouest, le quartier de Yongsan (la "montagne du Dragon"), fait dans la démesure : un marché électronique géant, le remarquable Musée national et, au bord du fleuve, les barres des *tanji*, ce modèle d'habitat de masse qui se répète inlassablement à travers tout le pays.

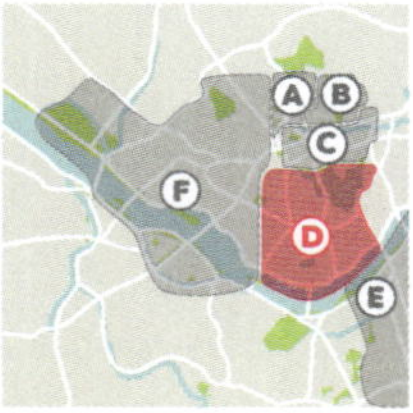

Dong-a Naengmyeon

Gida Sush

RESTAURANTS

Goobok Mandu
구복만두 B2 (1)
Si les *mandu* (raviolis) de ce restaurant sont si bons, c'est qu'ils sont concoctés selon une recette de famille sino-coréenne et cuisinés à la demande ! Plat 6 500-7 500₩.
→ *7 Duteopbawi-ro, Yongsan-gu Tél. 797 8656 Lun.-ven. 11h-20h ; w.-e. 11h-15h, 16h-20h*

Dong-a Naengmyeon
동아냉면 C3 (2)
Décoration et mobilier spartiates, aux couleurs de la Corée du Nord : deux petites salles pour une cantine à *naengmyeon* (célèbres nouilles froides de Pyongyang) où tout le quartier s'attable. Plat 6 000-9 000₩.
→ *5 Usadan-ro, Yongsan-gu Tél. 796 2796 Tlj. 9h-22h*

Kervan Restaurant
C6 (3)
Fondée à Itaewon, cette chaîne de restaurants sert la meilleure cuisine turque de Séoul. Délicieux kebabs, currys et *lavash* (pain turc). Plat 6 900-29 000₩.
→ *192 Itaewon-ro, Yongsan-gu Tél. 792 4767 Tlj. 11h-22h*

Gilbert's Burger and Fries C3 (4)
À l'écart d'Itaewon et à deux pas du quartier de HBC (Haebangchon), ce restaurant aux airs de rade brooklynien, créé en 2008, est désormais un lieu sacré du burger, avec trois adresses dans Séoul. Burger 9 500-12 000₩.
→ *55-2 Noksapyeong-daero 40 gil, Yongsan-gu Tél. 792 7676 Tlj. 11h30-15h, 16h30-21h*

Gida Sushi
기다스시 D6 (5)
Comme dans les *sushi-ya* japonais, un simple comptoir derrière lequel le chef façonne les sushis à la demande : saumon, thon, anguille, crevette, coquillages... Pour varier les plaisirs et faire des découvertes, goûter les suggestions du jour. Plat 10 000-45 000₩.
→ *230 Itaewon-ro, Yongsan-gu Tél. 749 3558 Tlj. 11h30-15h30, 17h-22h*

Maple Tree
단풍나무 집 C6 (6)
Au milieu des italiens, bars à tapas et autres tables internationales d'Itaewon, un très bon restaurant coréen de viande grillée : prix moyens et joli cadre, en plein centre du quartier. Plat 12 900 (midi)-49 900₩.
→ *26 Itaewon-ro 27ga-gil, Yongsan-gu Tél. 790 7977 Tlj. 11h30-15h, 17h-22h*

Passion 5

Prost

Hahn's

SALON DE THÉ, BARS, CLUBS

Passion 5 D2 7
Des salons très glamour dans un building noir aux lignes arrondies, où les Coréennes apprêtées viennent déguster pains variés, pâtisseries crémeuses, *baumkuchen* (gâteau à la broche)…
→ *SPC Building, 272 Itaewon-ro, Yongsan-gu Tél. 2071 9505 Tlj. 7h30-22h*

Blacklist C3 8
Ce bar branché est un condensé d'Itaewon : expatriés et Coréens s'y retrouvent pour trinquer autour de cocktails et de whiskys, ou pour grignoter un burger. Aux beaux jours, rooftop avec vue sur la frénésie séoulienne.
→ *134 Itaewon-ro (niveau 3F), Yongsan-gu Tél. 790 2040 Lun.-ven. 17h-1h (2h ven.), w.-e. 15h-2h*

Casa Corona C6 9
Populaire, ce bar doit son succès à un agréable rooftop (un must en été), à ses bons cocktails et à ses sets de DJ. L'un des endroits du quartier pour assister au coucher du soleil !
→ *7 Bogwang-ro 60-gil (niveau 4F), Yongsan-gu Tél. 2071 9505 Tlj. 18h-2h (3h ven.-sam.)*

Prost C6 10
Un bar au décor boisé, plein à craquer tous les week-ends ! Idéal pour commencer la soirée devant un cocktail ou une bière, avant de monter dans l'un des deux clubs installés dans les étages.
→ *26 Itaewon-ro 27ga-gil, Yongsan-gu Tél. 796 6854 Tlj. 18h-4h (3h30 mar. ; 4h30 jeu. ; 5h30 ven.-sam.)*

The Bungalow C6 11
Le plus tropical des bars d'Itaewon ! Comme à la plage, on se prélasse sur des balancelles, cocktail à la main et orteils en éventail dans le sable…
→ *10 Itaewon-ro 27ga-gil, Yongsan-gu Tél. 793 2344 Lun.-ven. 17h-3h (5h ven.), w.-e. 16h-5h (3h dim.)*

Cakeshop C3 12
Petite par la taille, cette salle en sous-sol est un incontournable de la scène électro à Séoul ! Aux platines, se succèdent des DJ venus du monde entier.
→ *134 Itaewon-ro, Yongsan-gu Tél. 010 7445 1926 Jeu.-sam. 22h-5h*

Gay Hill C6-D6 13
La rue des bars de la communauté LGBT de Séoul. Cosmopolite et festif, un espace de liberté dans un pays où faire son coming-out demeure encore très difficile.
→ *Usadan-ro 12-gil*

THÉÂTRE, BIEN-ÊTRE

National Theater of Korea 국립극장 D1 14
Le Théâtre national, dans un écrin de verdure sur les flancs de Namsan. Ses espaces polyvalents reçoivent les performances de nombreux troupes et orchestres nationaux : théâtre, opéra, musique classique, ballet, danses traditionnelles…
→ *59 Jangchungdan-ro, Jung-gu Tél. 2280 4114* ***Billetterie*** *Lun.-ven. 9h-17h ntok.go.kr*

Dragon Hill Spa 드래곤힐스파 A3 15
Un *Jjimjilbang* (spa) géant sur sept étages, voué au seul bien-être ! Piscines extérieures et intérieures, bains chauds ou froids, saunas, massages… Pour se divertir, *dvd-bang*, *pc-bang*, *noraebang*, mais aussi cafés et restaurants.
→ *40 Hangang-daero 21 na-gil, Yongsan-gu Tél. 792 0001 Tlj. 24h/24*

SHOPPING

Itaewon antique shops C6 16
Le long de la rue face à l'hôtel Hamilton, des enfilades de boutiques sauront séduire les chineurs de tous bords : choix important d'antiquités occidentales et orientales.

Hahn's C3 17
Un atelier sympathique où se tailler un costume sur mesure à un prix très attractif. Considérable palette de nuances de couleurs et de matières.
→ *134 Itaewon-ro, Yongsan-gu Tél. 793 0830 Tlj. 9h30-20h*

Salam Bakery D6 18
Dans le voisinage de la mosquée, une petite boulangerie-pâtisserie comme en Syrie : *baklavas* et autres douceurs à la pistache, au miel et aux amandes.
→ *39 Woosandan-ro 10-gil, Yongsan-gu Tél. 749 4323 Tlj. 10h-18h*

Yongsan Electronic Market 용산전자상가 A3 19
Au nord de la gare Yongsan, des centaines d'échoppes proposent ordinateurs, jeux et gadgets électroniques. Un lieu fétiche des geeks coréens, malgré la concurrence de la vente en ligne.
→ *Cheongpa-ro, Yongsan-gu Tél. 711 0252 Tlj. 10h-19h30*

Leeum Samsung Museum

Seoul Central Mosque

War Memorial of Korea

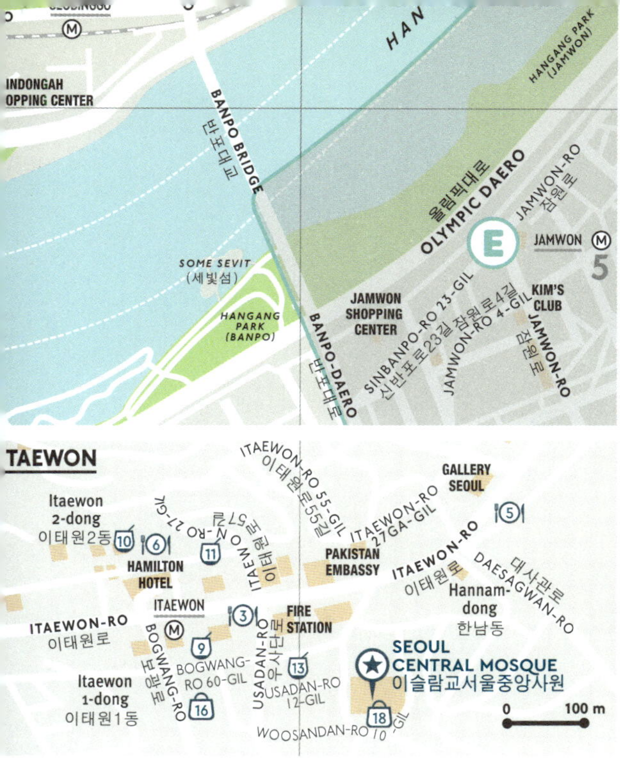

National Museum of Korea

National Museum of Korea

nique, né en 2004
'u dialogue entre Mario
ɜotta, Jean Nouvel et Rem
Koolhaas (chacun dessina
un des musées) abrite les
ollections de la fondation
amsung : art traditionnel
céramique, calligraphie,
rfèvrerie...), arts moderne
t contemporain (peintures,
culptures et installations).
ans le jardin, inévitables,
eux araignées (*Maman*)
e Louise Bourgeois.
→ *60-16 Itaewon-ro 55-gil,*
ongsan-gu Tél. 2014 6901
Mar.-dim. 10h30-18h

★ **Seoul Central**
Mosque D6
orsqu'on gravit les pentes
'Itaewon la cosmopolite,
un portail inattendu orné de motifs floraux en carreaux bleus et blancs attire le regard. Là, lumineuse, la mosquée centrale (1976) lance vers le ciel deux fiers minarets. Chaque ven. à 13h, il flotte un air d'Asie centrale sur son escalier principal. Prières en arabe, en anglais et en coréen.
→ *39 Usadan-ro 10-gil, Yongsan-gu Tél. 793 6908 Tlj. 9h-19h*

War Memorial of Korea B3
Dès l'entrée du vaste Mémorial de guerre (1994), une statue de deux frères ennemis enlacés sur un globe qui se fracture évoque la division du peuple coréen. Au-delà, un musée de la Guerre célèbre en force l'histoire de la défense nationale, des premières pointes de flèche au chasseur F-15K, en passant par le "bateau-tortue" de l'amiral Yi Sun-sin... Simulateur de combat au 2e étage ; chars et bombardiers dans les jardins.
→ *29 Itaewon-ro, Yongsan-gu Tél. 709 3139 Mar.-dim. 9h30-18h*

National Museum of Korea B4
Le Musée national de Corée, dans un édifice tout en longueur, doté d'une muséographie ultramoderne, pour une fabuleuse introduction à l'histoire et aux arts coréens. Articulées sur trois étages autour d'une monumentale pagode en pierre, 18 salles mettent superbement en valeur près de 10 000 œuvres de diverses disciplines. Ne pas manquer la précieuse statue du Bouddha pensif, la couronne en or des rois de Silla, les céladons délicats de l'ère Goryeo ainsi que les peintures et calligraphies de l'ère Joseon.
→ *137 Seobinggo-ro, Yongsan-gu Tél. 2077 9000 Tlj. 10h-18h (21h mer., sam. ; 19h dim.)*

Lotte Folk Museum

Olympic Park

Seoul Olympic Museum

★ Seoul Arts Center A4
Au pied du mont Umyeon, un édifice en forme de *gat* (chapeau de lettré) signale l'Opéra et le plus grand centre artistique du pays, connu pour son dynamisme (opéra, ballets, théâtre, productions expérimentales, concerts ou récitals). Il abrite aussi plusieurs musées et, bien sûr, des boutiques et des restaurants !
→ *2406 Nambusunhwan-ro, Seocho-gu Tél. 580 1300 www.sac.or.kr*

Calligraphy Art Museum
Dans le Seoul Arts Center, un musée d'art calligraphique. Dans 10 galeries : calligraphies anciennes à la beauté émouvante ou œuvres contemporaines plus excentriques.
→ *Tél. 580 1655 Mar.-dim. 10h-20h (19h nov.-fév.)*

★ Kukkiwon B3
Le quartier général du Taekwondo, cet art martial né en Corée qui a fait des adeptes dans le monde entier. Démonstrations, compétitions, cours d'initiation et un petit musée de trophées.
→ *32 Teheran-ro 7-gil, Gangnam-gu Tél. 567 1058* ***Memorial Hall*** *Tlj. 9h-11h30, 13h-17h30*

★ Bongeunsa C3
Ce temple bouddhique de 794 étale pavillons, tours et sanctuaires sur la pente d'une colline arborée, au milieu des gratte-ciel. Au sommet, la statue de Maitreya, le Bouddha du futur, 23 m, fixe d'un regard bienveillant cette ville qui bouillonne à ses pieds.
→ *531 Bongeunsa-ro, Gangnam-gu*

★ Lotte World Tower E3
Dessiné par le cabinet Kohn Pedersen Fox (2017), le plus haut gratte-ciel de Corée culmine à 555 m ! Coiffant ses 123 étages, l'observatoire Seoul Sky dévoile un époustouflant panorama sur la capitale. Au 7e étage, le Lotte Museum of Art (LMOA), avec d'audacieuses expos d'art contemporain.
→ *300 Olympic-ro, Songpa-g* ***Seoul Sky*** *Tlj. 10h30-22h Tarif 27 000₩* ***LMOA*** *Tlj. 10h30-19h Tarif 15 000₩*

★ Lotte Folk Museum E3
La muséographie fait mouche : maquettes et dioramas participent au réc de l'histoire de la Corée, de la préhistoire à la Seconde Guerre mondiale. On se per dans le village miniature de l'ère Joseon avant de goûter aux spécialités sur la place du marché !
→ *Lotte World, 240 Olympic-r Songpa-gu Tél. 411 4761 Tlj. 9h30-20h (21h w.-e.) Tarif 5 000₩*

Seoul Arts Center

Calligraphy Art Museum

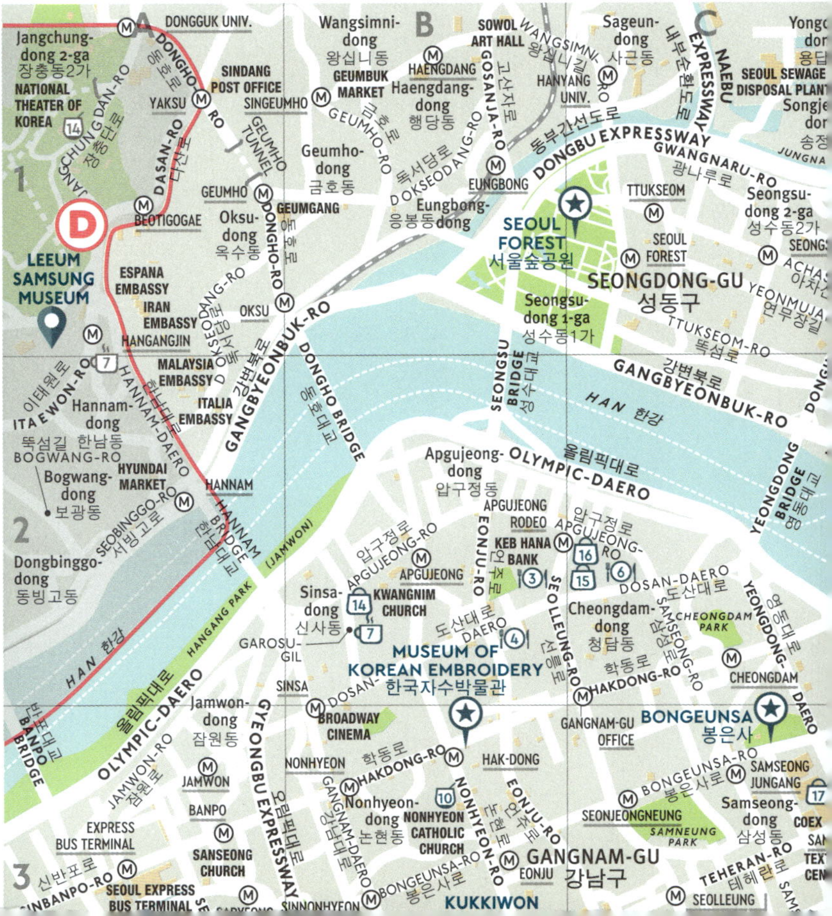

E

Gangnam / Jamsil

Au sud du fleuve Han, là où s'étendaient jadis forêts et rizières, le miracle économique de la seconde moitié du XXᵉ s. a fait jaillir de flamboyants quartiers. Au nord, Apgujeong-dong et Cheongdam-dong voient défiler victimes de la mode et grosses cylindrées : cafés chics, boutiques de luxe et cliniques de chirurgie esthétique. Au sud, entre la station Gangnam et le centre des congrès COEX, les gratte-ciel ultramodernes mettent nouvelles technologies et finance au centre des préoccupations. Au pied d'Umyeonsan, ce sont les arts qui occupent le devant de la scène. Vers l'est : Jamsil, son parc Olympique, et la plus haute tour du pays !

Sigol Yachae Doenjang

Phil Kyung Jae

RESTAURANTS

Sigol Yachae Doenjang
시골야채된장 B3 ①
Fière d'être apparue dans des émissions culinaires, cette cantine un peu rustique sert les classiques de la cuisine coréenne : *pajeon, jjigae* ou un *doenjang bibimbap* très doux, à la pâte de soja, à composer soi-même ! Populaire.
Plat 8 000-45 000₩.
→ *11 Gangnam-daero 69-gil, Seocho-gu Tél. 3482 7626 Tlj. 9h-21h*

Gangnam Gyoja
강남교자 B3 ②
Située au 2ᵉ étage, dans un cadre simple, cette institution offre un large choix de soupes, épicées ou non, de *mandu* (raviolis), de *tteok* (quenelles de riz) ou de *kalguksu* (nouilles). Très apprécié : le *shabu shabu*, fines lamelles de viandes jetées dans un bouillon aux légumes. Sain et savoureux. Plat (pour 2 pers.) 9 000-36 000₩.
→ *11 Gangnam-daero 69-gil, Seocho-gu Tél. 536 4133 Tlj. 10h30-22h*

Soi Mao
소이연남마오 B2 ③
Un aller simple pour la Thaïlande en plein Gangnam, dans ce restaurant qui associe finement cuisine thaïe et vins naturels. Deux espaces au choix : le premier étage, pour un menu simple, ou le second, pour un repas plus sophistiqué.
Plat 12 000-27 000₩.
→ *30 Dosan-daero 53-gil, Seocho-gu Tél. 2545 5130 Mar.-sam. 11h30-15h, 17h-22h50*

Hanwoori
한우리 B2 ④
À l'étage d'un building tout noir, une table d'hôte au lumineux décor de verre et de pin, parfait pour un *hanjeongsik* dans la plus pure tradition coréenne : assortiments de petits plats de saison. Options végétariennes. Menu 25 000-60 000₩ (midi), plat 20 000-79 000₩.
→ *304 Dosan-daero, Gangnam-gu Tél. 545 3334 Tlj. 11h30-21h30, 18h-22h*

Phil Kyung Jae
필경재 E4 ⑤
La beauté du cadre de cette vénérable maison traditionnelle sublime la gastronomie royale servie en banquet. À la belle saison, le repas se termine dans l'enchanteur jardin. Menu 60 000 (midi)-250 000₩.
→ *205 Gwangpyeong-ro, Gangnam-gu Tél. 445 2115 Tlj. 10h-15h, 17h-22h*

Club Local

Garosu-gil

COEX / Starfield Library

Mingles
밍글스 C2 6
Une table des plus courues, dans un cadre sobre et plaisant. Emblème de la nouvelle scène culinaire de la capitale, le chef Kang Min-goo régale d'une cuisine étoilée qui marie en parfaite harmonie saveurs coréennes et influences européennes. Menu 90 000 (midi)-240 000₩.
→ *67 Dosan-daero 19-gil, Gangnam-gu Tél. 515 7306 Lun.-sam. 12h-15h, 18h-22h*

CAFÉS, BARS, CLUBS

Orerak Bakery
오르락베이커리 신사점 B2 7
Glaçage chocolat-menthe, garniture au citron, red velvet... Les becs sucrés trouveront leur bonheur dans cette pâtisserie de poche, spécialisée dans les muffins !
→ *39 Apgujeong-ro 14-gil, Gangnam-gu Tél. 070 8778 3227 Mar.-dim. 12h30-20h30*

Bar 81 E3 8
Le bar de tous les superlatifs : dans l'un des hôtels les plus hauts du monde – le Signiel Seoul –, on sirote une coupe issue de la plus grande collection de champagne d'Asie. Vue panoramique et ambiance raffinée.
→ *Lotte World Tower (niveau 81F), 300 Olympic-ro, Songpa-gu Tél. 3213 1281 Tlj. 18h-21h*

Club Local B3 9
À la pointe du *clubbing*, Local draine les DJ de toute la planète et une faune jeune hyper branchée et un brin m'as-tu-vu venue se griser de sons *house*, *techno* ou *trance*.
→ *415 Gangnam-daero, Seocho-gu Tél. 070 8095 3127 Tlj. 22h-8h (10h ven.-sam.)*

The Octagon B3 10
Le plus grand club *house* de la capitale : une piscine, trois niveaux de *dance floors* et une décoration recherchée. Aux platines sont invitées les grosses pointures de la musique électronique.
→ *645 Nonhyeon-ro, Gangnam-gu Tél. 516 8847 Jeu.-sam. 20h-5h www.cluboctagon.co.kr*

ACTIVITÉS

Lotte World E3 11
Le "monde" un peu kitsch de Lotte, grand *chaebol* (conglomérat familial) national. Dans le labyrinthique *mall*, un gigantesque parc de loisirs : parades colorées, aquarium, cinéma, patinoire couverte et, à l'extérieur sur une île, attractions et manèges à sensations ! Tarif 59 000₩.
→ *240 Olympic-ro, Songpa-gu Tél. 411 2000 Tlj. 9h30-22h (23h ven.-dim.) www.lotteworld.com*

Samsung D'light
삼성딜라이트 B3 12
Le showroom du géant de l'électronique Samsung, où expérimenter les derniers casques de réalité virtuelle, gadgets connectés et divers écrans géants interactifs.
→ *11 Seocho-daero 74-gil, Seocho-gu Tél. 2255 2277 Lun.-sam. 10h-19h*

National Gugak Center
국립국악원 A4 13
Un centre dédié au *gugak* (musique traditionnelle), aux chants (*pansori*, *gagok*...) et aux danses (*salpuri*, *bongsan*...). Spectacles pour enfants, ateliers et cours. Petit musée d'instruments.
→ *2364 Nambusunhwan-ro, Seocho-dong, Seocho-gu Tél. 580 3300 **Spectacle** Sam. 16h www.gugak.go.kr*

SHOPPING

Garosu-gil
가로수길 B2 14
Boutiques élégantes, restaurants à la mode et cafés s'égrènent le long de cette rue "européenne". Parfait pour assister à un défilé de mode permanent à l'ombre des ginkgos.

Boon the Shop C2 15
Vitrine à l'esthétique très contemporaine, ce grand *concept-store* de luxe abrite les collections originales de créateurs de mode plus ou moins fantasques.
→ *21 Apgujeong-ro 60-gil, Gangnam-gu Tél. 2056 1234 Tlj. 11h-20h*

10 Corso Como C2 16
Trois étages d'un élégant capharnaüm, tendance et design : bijoux, sacs, vêtements, luminaires... Café et librairie d'art.
→ *416 Apgujeong-ro, Gangnam-gu Tél. 3018 1010 Tlj. 11h-20h*

COEX C3 17
L'un des plus grand *mall* d'Asie (120 000 m²), tel un vaisseau spatial : cinémas, magasins, restaurants, casino, musée, aquarium et la fabuleuse bibliothèque Starfield. Monumental !
→ *513 Yeongdong-daero, Gangnam-gu Tél. 6002 5312 Tlj. 10h30-22h*

Lotte World Mall E3 18
Dans la plus célèbre tour du pays, un dédale de boutiques et un grand magasin Lotte, pour un shopping luxueux.
→ *300 Olympic-ro, Songpa-gu Tél. 3213 5000 Tlj. 10h30-21h*

Bongeunsa

Lotte World Tower

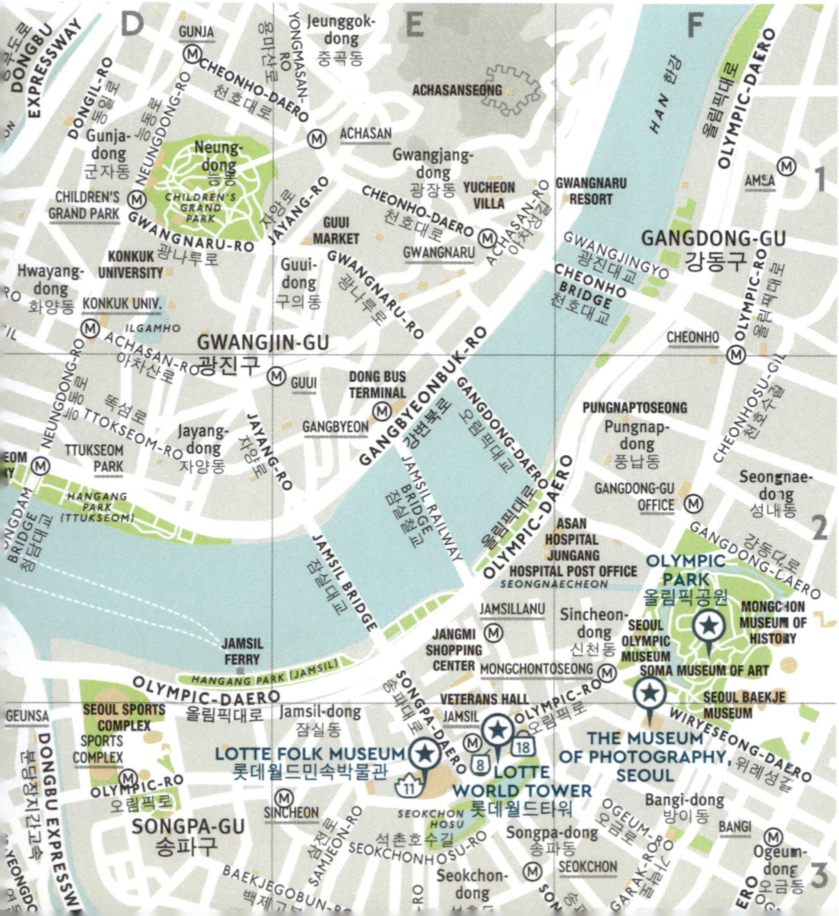

Seoul Baekje Museum

Seoul Forest

★ The Museum of Photography, Seoul F3
Un musée à visiter pour sa riche collection de clichés historiques illustrant notamment la période de la colonisation japonaise (1910-1945), présentée par roulement. Aussi des expositions d'artistes contemporains, coréens et internationaux.
→ *Hanmi tower (19e étage), 14 Wiryeseong-daero, Songpa-gu Tél. 418 1315 Lun.-ven. 10h-19h, sam. 11h-18h30*

★ Olympic Park F2
Le parc Olympique (150 ha) dessiné pour accueillir les JO de 1988. Passé les installations sportives et culturelles à l'est et au sud, une vaste étendue vallonnée marque l'emplacement d'une vieille forteresse. On y fait du jogging ou jardine comme à la campagne !
→ *424 Olympic-ro, Songpa-gu Tlj. 5h-22h*

Seoul Olympic Museum
Un musée pour plonger dans l'histoire des jeux Olympiques puis revivre l'ambiance enthousiaste de ceux de Séoul en 1988. Parcours jalonné de médailles, de vidéos…
→ *Tél. 410 1354 Mar.-dim. 10h-18h*

Soma Museum of Art
Écolo et futuriste, ce petit musée d'art, posé sur les pelouses du parc, accueille expositions et ateliers de sensibilisation à la sculpture. À l'extérieur, 204 œuvres et 8 installations : du *Pouce* de César (1965) au *World Peace Gate* de Kim Chun-up (1988), les Jeux vus par des artistes de toutes nationalités !
→ *Tél. 410 1077 Mar.-dim. 10h-18h Tarif 3 000₩*

Seoul Baekje Museum
Dans un building aux formes de l'ancienne forteresse, l'histoire et la vie quotidienne à l'époque du royaume de Baekje (18 av. J. C.-660), dont Séoul était la capitale.
→ *Tél. 2152 5800 Mar.-dim. 9h-19h (18h w.-e.)*

Mongchon Museum of History
De l'autre côté du parc, ce petit musée aussi consacré à la période Baekje expose les objets retrouvés sur le site : poteries, ustensiles, etc.
→ *Tél. 2152 5900 Mar.-dim. 9h-18h*

★ Seoul Forest C1
Un manteau de verdure recouvre depuis 1995 les friches de la cité industrielle de Ttukseom. Étudié pour renouer avec l'écologie, c'est le poumon vert de l'est de la ville, le domaine des flâneurs et un asile pour des daims semi-sauvages.
→ *273 Ttukseom-ro, Seongdong-gu*

Jeoldusan Martyr's Shrine

National Assembly

★ Inwangsan F1
Le mont Inwang (296 m) a, de tout temps, fasciné les esprits ! La silhouette d'un bouddha assis trône au sommet et, sur les pentes où court l'ancienne muraille de la ville, *gut* (rites chamaniques) et *gosa* (offrandes) emplissent l'air de spiritualité. À voir : le temple Guksadang, et les rochers Seonbawi, vénérés par qui veut un garçon !
→ Départ des chemins derrière les Hyundai Apartments Métro Dongnimmun, sortie 2

★ Seodaemun Prison History Hall F1
Dans les geôles de ce site construit par les Japonais en 1907, des témoignages retracent le calvaire enduré par les indépendantistes coréens. Perceptible, l'amertume d'une nation, mais aussi sa fierté d'avoir gagné un combat menant à la liberté. Autre symbole fort dans le parc : Dongnimmun, la porte de l'Indépendance (1896).
→ 251 Togil-ro, Seodaemun-gu Tél. 360 8590 Mar.-dim. 9h30-17h (18h mars-oct.) Tarif 3 000₩

★ Ewha Womans University E2
Si les lignes néogothiques de l'imposant Pfeiffer Hall (1935) rappellent que la plus grande université féminine du monde (1886) est une vieille dame, une "vallée" de verre et d'acier tracée par Dominique Perrault (2008) l'ancre dans la modernité. Musée d'art moderne, céramique et textile.
→ 52 Ewhayeodae-gil, Seodaemun-gu Tél. 3277 3152 ***Musée*** *Lun.-sam. 9h30-17h*

★ Modern Design Museum B4
Un musée qui recèle des trésors : du tout premier journal imprimé aux smartphones, 1 600 objets relatent l'histoire nationale du design industriel, de 1880 à 2000.
→ 36 Wausan-ro 30-gil, Mapo-gu Tél. 070 7010 4346 Mar.-dim. 10h-18h Tarif 5 000₩

★ Oil Tank Culture Park B1-C1
Six gigantesques réservoirs pétroliers des années 1970, transformés en un vaste espace culturel ! Expositions, événements, cafés... En face, le stade bâti pour la Coupe du monde de football de 2002, et le joli parc Haneul, animé le week-end, et dont les étendues de muhly rose flamboient en l'automne.
→ 87 Jeungsan-ro, Mapo-gu Tél. 376 8410

★ War and Women's Human Rights Museum D2
Un musée poignant dédié aux "femmes de réconfort",

Inwangsan

Seodaemun Prison History Hall

F

Seodaemun / Sinchon / Hongdae / Yeouido

Peuplées d'esprits, les falaises de granite d'Inwangsan la mystique stoppent la progression des *apateu tanji* (barres d'immeubles) de Seodaemun. Au sud-ouest, à Sinchon, siège de prestigieuses universités, la jeunesse étudiante s'épanouit entre campus parsemés de bâtiments néogothiques couverts de lierre, restaurants bon marché et boutiques colorées. Le soir venu, elle prend d'assaut les bars et les clubs de Hongdae. En fil rouge : la très agréable et animée coulée verte de Gyeongui Line. Il faut traverser le fleuve Han, au sud, pour découvrir l'île de Yeouido, la financière, avec ses gratte-ciel et ses cerisiers, dont la floraison charme les foules aux premiers jours d'avril.

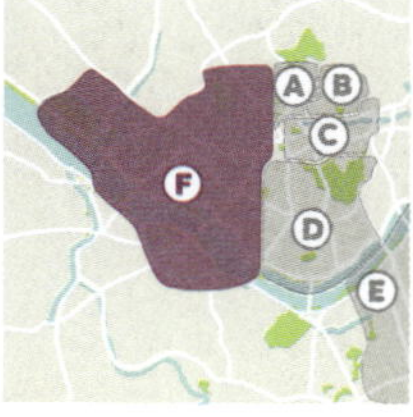

Chulkil Wang Kalbi

Noryangjin Fish Market

RESTAURANTS

Hongdae Dakgalbi
신미경홍대닭갈비
A4 ①
Sans doute la meilleure adresse du quartier pour déguster un *dakgalbi*, poêlée de poulet aux légumes dans une sauce épicée. Nouilles *ramen* et fromage sont en option ! Pour un plat non épicé, le préciser à la commande. Plat 10 000-13 000₩.
→ 31-10 Wausan-ro 21-gil, Mapo-gu Tél. 2245 5222 Tlj. 10h-23h

Neungra Babsang
능라밥상 F1 ②
Délicieux restaurant tenu par Lee Ae-ran, une réfugiée nord-coréenne. Au menu : les nouilles froides de Pyongyang, des raviolis de pomme de terre et des pieds de porc cuits à la vapeur. Plat 10 000-15 000₩.
→ 14 Sajik-ro 2-gil, Jongno-gu Tél. 747 9907 Tlj. 9h30-21h30

Hongdae Po
홍대포 A4 ③
Un lieu très convivial pour découvrir les *jeon* : de petites galettes frites aux légumes, à la viande, au tofu ou aux fruits de mer. À arroser de bière pression ou de *makgeoli*. Plat (pour 2 ou 3 pers.) 20 000-28 000₩.
→ 129-1 Eoulmadang-ro, Mapo-gu Tél. 337 2369 Tlj. 16h-0h (4h w.-e.)

Chulkil Wang Kalbi
철길왕갈비살 B4 ④
Le rendez-vous des inconditionnels de la grillade a des allures de hangar ! Tendres bouchées de bœuf mariné (*samkalbisal*) ou de porc au sel (*sogum gui*), à cuire soi-même et à dévorer enveloppées dans des feuilles de laitue ou de sésame. Plat 14 000-18 000₩.
→ 24 Wausan-ro 32-gil, Mapo-gu Tél. 332 9543 Tlj. 11h-0h

Dojeok 도적 A4 ⑤
Une autre adresse de barbecue coréen avec ses tables équipées de grils et ses hottes arrondies ! Prise d'assaut par les étudiants de l'université Hongik, qui jettent leur dévolu sur le *samgyeopsal* (poitrine de porc), juteux et croustillant à la fois. Plat 16 000-18 000₩.
→ 3 Eoulmadang-ro 5-gil, Mapo-gu Tél. 322 6746 Mar.-dim. 17h-1h

Noryangjin Fish Market
노량진수산시장 E4 ⑥
Au 1er étage de l'immense marché au poisson, une rangée de restaurants avec vue sur l'île de Yeouido et le fleuve Han.

Club FF

The Hyundai Seoul

Sangsang Madang

Le meilleur endroit pour déguster plateau de poisson cru, *haemultang* (un ragoût épicé), *jeonbokjuk* (porridge à l'ormeau), diverses fritures ou concombres de mer. Menu poisson cru (pour deux) à partir de 40 000₩.
→ 674 Nodeul-ro, Dongjak-gu ***Restaurants*** *Tlj. 10h30-22h* ***Marché*** *Tlj. 24h/24*

GLACIER, CAFÉ

Fell+Cole A4 (7)
D'incroyables saveurs, concoctées (avec des produits bios) par Tristan, le glacier le plus créatif de Séoul : avocat, banane flambée, bacon confit, pastis ou feuilles de sésame... Mention spéciale pour les parfums bière-chocolat au lait et fraise-vin rouge !
→ 39-21 Wausan-ro, Mapu-gu Tél. 070 4411 1434 Tlj. 12h-21h (20h hiver)

Greem Café 그림카페 D2 (8)
Un café comme une planche de bande dessinée, où le décor donne l'illusion d'évoluer dans un espace en deux dimensions. Un lieu inspiré par l'intrigue du drama W : Two worlds Aparts, et très fréquenté par les instagrammeurs !
→ 161-10 Seongmisan-ro, Mapu-gu Tél. 010 2612 8103 Mer.-dim. 12h-21h

BARS, CLUBS

Vinyl A4 (9)
Un bar minuscule, gentiment déjanté, où l'on sert les cocktails... dans des pochettes en vinyle ! Très convivial en été, quand les clients envahissent le trottoir.
→ 61-1 Wausan-ro, Mapo-gu Tél. 322 4161 Tlj. 16h-0h30 (2h ven.-sam.)

Bar Da 바다 A4 (10)
Tout l'esprit de Hongdae se retrouve dans ce lieu intimiste auquel on accède par un étroit escalier. Le grand bar en bois facilite les rencontres et les conversations vont bon train jusqu'au matin.
→ 7 Hongik-ro 3-gil, Mapo-gu Tél. 337 1818 Tlj. 18h-4h (5h ven.-sam. ; 3h dim.)

Post Territory Ujeongguk 탈영역 우정국 A4 (11)
Au pied d'un *tanji* un ancien bureau de poste transformé en espace de contre-culture ! Performances, concerts et expositions underground.
→ 42 Dongmak-ro 20-gil, Mapo-gu Tél. 336 8553 ujeongguk.com

Club Evans A4 (12)
Crème des clubs de jazz de Séoul, ce bar sympathique et détendu accueille d'excellents artistes venus du monde entier. Concert tous les soirs.
→ 63 Wausan-ro, Mapo-gu Tél. 337 8361 Tlj. 18h30-0h (1h ven.-dim.) Concerts 20h-21h30 www.clubevans.com

Club FF A4 (13)
Riffs endiablés et chants rauques, un café-concert enterré, très rock, où viennent se produire groupes et DJ alternatifs de tous horizons.
→ 12 Wausan-ro 17-gil, Mapo-gu Tél. 010 9025 3407 Mer.-dim. 18h-23h (6h ven.-sam. ; 22h dim.) clubff.modoo.at

M2 The Club A4 (14)
Le temple de la musique électronique à Hongdae. Son puissant, les plus grands DJ et un *dance floor* jeune et surchauffé !
→ 20-5 Jandari-ro, Mapo-gu Tél. 3143 7573 Mar.-dim. 21h30-6h (8h ven.-sam.)

Bamgwa eumak sai 밤과 음악사이 A4 (15)
Un rendez-vous très prisé de la jeunesse branchée, qui vient y danser au son de vieux tubes de pop coréenne des années 1970-80.
→ 5 Wausan-ro 17-gil, Mapo-gu Tél. 332 7335 Tlj. 18h-5h (6h ven.-sam.)

SHOPPING

Boutiques autour de l'université Ewha E2 (16)
À la sortie des cours, rien de tel qu'une séance de shopping ou un tour chez le coiffeur ! Fringues, accessoires, parfums à des prix étudiants.
→ Tlj. 10h30-20h (env.)

The Hyundai Seoul D4 (17)
Tout en démesure, ce *mall* occupe une superficie équivalente à 13 terrains de football, sur l'île de Yeouido. Imaginé par l'architecte Richard Rogers, il alterne îlots végétalisés, enseignes de luxe et de mode internationales.
→ 108 Yeoui-daero, Yeongdeungpo-gu Tlj. 10h30-20h (20h30 ven.-dim.)

GALERIE D'ART

Sangsang Madang 상상마당 A4 (18)
Reconnaissable à sa façade comme une fleur de verre et de béton, ce centre lance de jeunes artistes : galeries, salle de spectacles, boutiques d'art, cinéma et café.
→ 65 Eoulmadang-ro, Mapo-gu Tél. 330 6200 Tlj. 10h-23h www.sangsangmadang.com

Ewha Womans University

Oil Tank Culture Park

War and Women's Museum

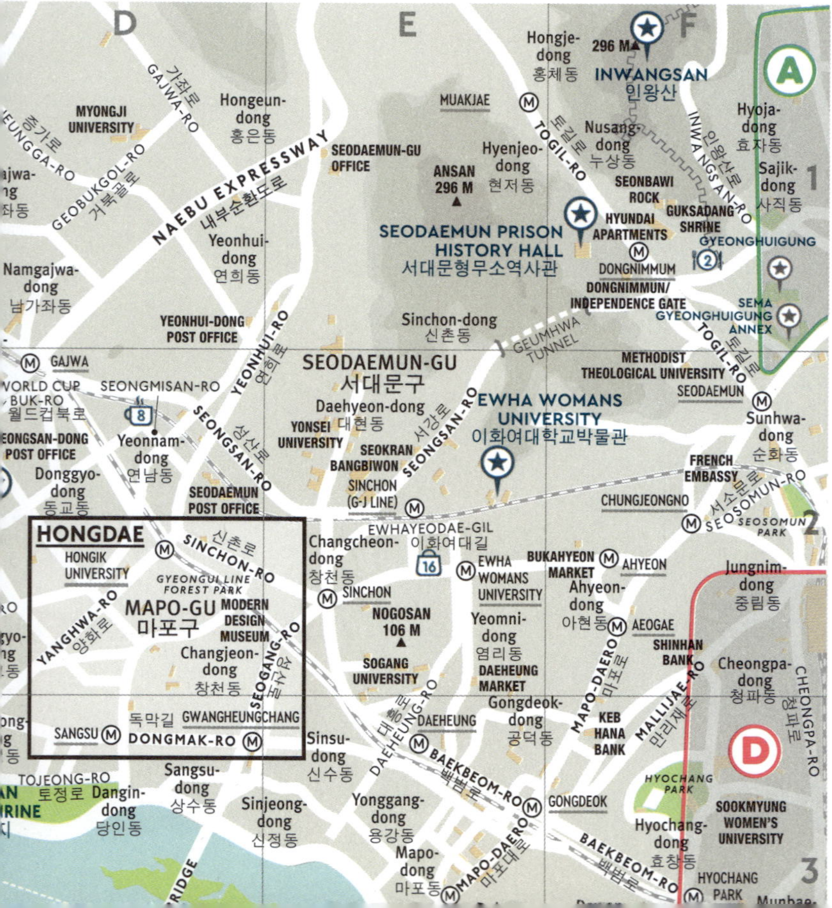

63 Square

Seonyudo Park

Noryangjin Fish Market

es 200 000 Asiatiques nvoyées dans les maisons loses de l'armée impériale aponaise lors la Seconde uerre mondiale. Objets et émoignages de survivantes, our ne pas oublier.
→ *20 World Cup Buk-ro 11-gil, Mapo-gu Tél. 392 5252 Mar.-sam. 11h-18h Tarif 5 000₩*

★ Jeoldusan Martyr's Shrine C3
erchés sur une falaise dans n parc paisible et fleuri, ne église et un petit musée arquent l'endroit où, la fin du XIXe s., des milliers e martyrs catholiques urent décapités. Au nord-uest, le Yanghwajin (1860), cimetière des étrangers.
→ *6 Tojeong-ro, Mapo-gu Mar.-dim. 9h30-17h*

★ National Assembly D3
Dans un parc, l'Assemblée nationale (1975), coiffée d'un dôme en cuivre et portée par 24 piliers octogonaux. Dans l'hémicycle, les sessions parfois houleuses du Parlement mono-caméral.
→ *Uisadang-daero 1-gil, Yeongdeungpo-gu Tél. 788 3664 Lun.-sam. 9h-18h (17h sam.) Visite sur rés. au moins 3 j. avant (visitor@assembly.go.kr)*

★ Yeouido Full Gospel Church D4
Fondée en 1958 sous une tente, l'Église pentecôtiste compte aujourd'hui des centaines de milliers de membres. Le dim., des cars convergent vers cet édifice tout en rondeur, où s'engouffrent des foules de croyants à la ferveur démonstrative !
→ *15 Gukhoe-daero 76-gil, Yeongdeungpo-gu*

★ 63 Square E4
Ce "lingot d'or" de 249 m fut, de 1985 à 2002, la plus haute tour de Corée. Largement dépassée à présent, elle reste dans le vent avec un cinéma panoramique, un aquarium et un belvédère.
→ *50 63-ro, Yeongdeungpo-gu Tél. 1833 7001 Tlj. 10h-22h*

★ Seonyudo Park C3
La nature a repris ses droits sur le site de retraitement des eaux qui occupait l'une des îles du Han : la végétation luxuriante recouvre à présent les structures industrielles.
→ *343 Seonyu-ro, Yeongdeungpo-gu*

★ Noryangjin Fish Market E4
Odeurs d'iode et d'algues, bacs débordant de poissons et de créatures plus ou moins connues, crieurs volubiles : voici le plus gros marché au poisson du pays !
→ *674 Nodeul-ro, Dongjak-gu Tlj. 24h/24*

ENVIRONS

Yongin

À 1 heure de la capitale, balades et bonnes adresses !

Mont Bukhansan
→ *À 6 km au nord*
Métro ligne 4, arrêt Gireum Station puis bus vert 110
Pics, rivières, vallées, forêts : un îlot de biodiversité aux portes de la ville. Loin de l'agitation, une multitude de sentiers ponctués de petits temples et d'une forteresse, Bukhansanseong, datant du début de notre ère. Très populaire en automne quand les flancs boisés virent à l'orange.
Sigoljib chamnamu changjak gui
시골집 참나무장작구이
→ *211 Bogukmun-ro, Seongbuk-gu Tél. 915 6547 Mer.-lun. 10h-22h*
Une table qui tombe à point après une randonnée, pour un festin de canard grillé en surplomb du torrent. Plat 12 000-15 000₩.

DMZ
→ *À 45 km au nord*
Nombreuses excursions organisées Rés. sur www.panmunjomtour.com Tarif 100 000₩ env.
De part et d'autre de la "zone démilitarisée", les armées du Sud et du Nord se font face depuis 1953, le couteau entre les dents. Qualifié "d'endroit le plus terrifiant de la Terre" par Bill Clinton, la DMZ est aussi un lieu touristique où la division est mise en scène. À voir : les postes d'observation, les tunnels d'invasion creusés par les soldats du Nord et Panmunjeom, le "village de la trêve".

Ganghwado
→ *À 60 km au nord-ouest*
Bus 3000 de Hapjeong station, sortie 10 **(F** C3), *arrêt Ganghwa-eup*
Escapade rurale au bord de la mer Jaune, à l'embouchure du Han. Après un tour au marché, on visite la forteresse de Gwangseongbo (XVIIe s.), le temple de Jeondeungsa (IVe s.) et les dolmens de Bugen-ri. On peut aussi faire un saut en ferry sur l'île de Seokmodo, où le temple de Bomunsa recèle un bouddha gravé dans la roche.
Hwadeok Pizza 화덕피자
→ *17-9 Jungang-ro, Ganghwa-eup Tél. 032 933 8779 Tlj. 11h (10h w.-e.)-22h*
Pizza au hareng, calzone à la patate douce... une adresse créative, à ne pas manquer au 1er étage du marché de Ganghwa, près de la gare routière. Plat 3 000-15 000₩.

Suwon
→ *À 30 km au sud*
Métro ligne 1, arrêt Suwon
Nam June Paik Art Center
10 Baengnamjulro, Giheung-gu Tél. 031 201 8500 Mar.-dim. 10h-18h (19h en été) njp.ggcf.kr
Forteresse de Hwaseong
11 Haenggung-ro, Paldal-gu Tél. 031 290 3600 Tlj. 9h-18h (17h nov.-fév.) www.swcf.or.kr Tarif 500₩
Trois heures suffisent pour faire le tour de la muraille entourant la forteresse de Hwaseong (XVIIIe s.), bâtie par le roi Jeongjo et classée au Patrimoine mondial par l'Unesco. Ensuite, visiter le musée dédié à Nam June Paik (1932-2006), vidéaste visionnaire.

CARNET PRATIQUE

CARTE DE VISITE

- Capitale de la République de Corée (Corée du Sud)
- 10 millions d'hab.
- 605 km²
- 16 202 hab./km²
- Langue : coréen
- Religion : protestants (20 %), bouddhistes (16 %), catholiques (8 %)
- Monnaie : le won (₩) 1€= 1 370₩
- Décalage horaire : +8h (hiver) ou +7h (été)
- Climat : hiver long et glacial (- 10 °C), été chaud et humide (25 °C, saison des pluies : juil.-août) Meilleures périodes : automne et printemps
- Électricité : 220V

SE REPÉRER

25 arrondissements (*-gu*), divisés en 522 quartiers (*-dong*). Depuis 2015, nouveau système de numérotation, à l'occidentale. Exemple : *24 Yulgok-ro 10-gil, Jongno-gu* signifie "au n° 24, dans la ruelle 10 près de la rue Yulgok, dans l'ardt de Jongno". Plus d'infos : *juso.go.kr*

GLOSSAIRE

-cheon : ruisseau ; *-do* : île ; *-daegyo* : grand pont ; *-ga* : section d'une longue rue ; *-gang* : rivière ; *-gil* : ruelle ; *-gung* : palais ; *-jeong* : pavillon ; *-mun* : porte ; *-ro* : rue ou avenue ; *-san* : montagne

INTERNET

SÉOUL EN LIGNE

www.visitkorea.or.kr
Site de l'office de tourisme de Corée (KTO).

www.visitseoul.net
Portail touristique du Seoul Metropolitan Government.

PC-BANG / PC방
→ *Tlj. 24h/24*
Omniprésents, des cyber-cafés pour jouer ou surfer en ligne. Env. 2 000₩/h.

INFORMATIONS TOURISTIQUES

Korea Tourism Organization (KTO)
→ *Tél. 729 9497*
Tlj. 24h/24
Assistance linguistique et informations pratiques.

Information Center (**C** B2)
→ *40 Cheonggyecheon-ro, Jung-gu Tlj. 9h-20h*
Informations, réservations (hôtels, excursions, etc.), accès Internet et téléphone gratuit, casques de réalité virtuelle...

Seoul Metropolitan Government - Tourism Division
→ *Tél. 1330*
Par téléphone (taper 2 pour l'anglais) ou en ligne (voir plus bas), toutes les informations sur la ville.

BBB
→ *Tél. 1588 5644*
Tlj. 24h/24
Service d'interprétation et d'assistance gratuit. Presser 4 pour le français.

TÉLÉPHONE

INDICATIFS

France-Séoul
→ *00 + 82 (indicatif de la Corée) + 2 (indicatif de Séoul, sans le 0) + n° de tél. (7 ou 8 chiffres)*
→ *00 + 82 + n° de portable (11 chiffres, commençant par 010 ou 011) sans le 0*

Corée du Sud-Séoul
→ *02 + n° de tél.*

Séoul-France
→ *001 ou 002 ou 0071 (selon l'opérateur) + 33 (indicatif de la France) + n° de tél. sans le 0*

NUMÉROS UTILES

Police
→ *Tél. 112*

Urgences
→ *Tél. 119*

TÉLÉPHONE PORTABLE

Location de smartphone aux comptoirs SK, LG et KT des aéroports.
→ *3 300₩/j., appel 11₩/seconde, wifi illimité : 8 800₩ skroaming.com ; roaming.kt.com*

CALENDRIER

JOURS FÉRIÉS

→ *1er jan., Seollal (Nouvel An lunaire, en jan.-fév.), 1er mars (Journée de la lutte pour l'indépendance), 5 mai (Fête des enfants), anniversaire de Bouddha (8e j. du 4e mois lunaire, en avr.-mai), 6 juin (Jour de la commémoration), 15 août (Jour de la libération), Chuseok (Fête des moissons, 15e jour du 8e mois lunaire, en sep.-oct.),*

DATES CLÉS

18 av. J.-C. Wiryeseong (puis Hanyang), capitale du royaume de Baekje. Mongchon Museum of History (**E** F2)

1392 Début de l'ère Joseon et fondation en 1394 de la capitale Hanseong (l'actuelle Séoul). Gyeongbokgung (**A** C2), Jongmyo (**B** D3)

1592-1598 Invasions japonaises.

1897 Capitale de l'empire Daehan : modernisation et occidentalisation. Myeong-dong Cathedral (**C** C3), Seokjojeon (**C** A2)

1910 Annexion par le Japon. Tentatives d'éradication de l'identité nationale. Bank of Korea (**C** B3)

1948 Proclamation de la République de Corée.

1950 Le 25 juin, attaque de la Corée du Nord. Début de la guerre de Corée.

1953 Le 27 juil., armistice : Séoul est dévastée.

1961-1988 Gouvernement militaire. Industrialisation et forte croissance économique.

1988 Jeux Olympiques d'été, témoins du "miracle du fleuve Han".

2002 Coupe du Monde de football.

2017 Présidente Park Geun-hye destituée à la suite d'un scandale de corruption.

HORAIRES

Presque pas de jours de fermeture sauf pendant *Seollal* et *Chuseok* : la plupart des commerces de la ville désertée sont alors fermés.

RESTAURANTS
→ *En général, tlj. 11h-22h*

BANQUES
→ *Lun.-ven. 9h30-16h30*

POSTES
→ *Lun.-sam. 9h-18h (13h sam.)*

PALAIS ET MUSÉES
→ *En général, fermés lun. (musées nationaux) ou mar., et le 1er jan. pour quelques-uns*

TEMPLES ET ÉGLISES
→ *En général, tlj. 24h/24*

COMMERCES
→ *En général, tlj. 10h-19h (20h grands magasins), souvent fermés un lun./mois*

CAFÉS, SALONS DE THÉ
→ *En général, tlj. 9h30-22h30*

BARS
→ *En général, tlj. 17h-2h*

SE RESTAURER

GLOSSAIRE

Banchan : petit plat froid qui accompagne le repas ; *bibimbap* : bol de riz avec légumes, viande, œuf et pâte de piment rouge à mélanger ; *bulgogi* : viande marinée et grillée ; *dubu* : tofu ; *galbi* : côtes de bœuf marinées grillées ; *gochujang* : pâte de piment rouge ; *gyeran bbang* : petit pain sucré à l'œuf ; *hotteok* : pancake fourré de miel, cacahuètes et cannelle ; *japchae* : nouilles de patates douces sautées au légumes et au bœuf ; *jjigae* : sorte de potée épicée ; *kalguksu* : soupe de nouilles de froment ; *kimbap* : maki ; *kimchi* : la fierté nationale, du chou fermenté dans de l'ail et du piment rouge, par extension tout ce qui est vinaigré ; *makgeoli* : alcool non raffiné de riz fermenté ; *naengmyeon* : soupe froide de nouilles au sarrasin ; *odeng* : gâteaux de poisson en pot-au-feu ; *pajeon* : crêpe épaisse aux oignons verts ou aux fruits de mer ; *samgyeopsal* : barbecue de poitrine de porc ; *soju* : alcool de riz ; *sundae* : boudin ; *takgalbi* : poulet sauté au piment ; *tteok* : gâteau à base de riz gluant ; *tteokbokki* : *tteok* dans une sauce pimentée.

HABITUDES

En Corée du Sud, on débute la journée par un petit déjeuner robuste (soupe, riz, légumes et *kimchi*...). Le repas de midi est léger, le plus souvent un plat (*kalgusu*, *bibimbap*, *jjigae*) accompagné de *banchan* frais ou snacks divers. Le soir, les Séouliens adorent sortir partager des dîners très consistants (banquets, barbecues...).

CUISINE DE RUE

Les stands de rue sont partout, recouvrant les trottoirs de tables et de tabourets : *tteok*, *odeng*, *hotteok*, etc.

RESTAURANTS

Spécialisés la plupart du temps dans un type

ÉCRITURE

Alphabet phonétique unique en son genre, le *hangeul* a été inventé vers 1443 par le Conseil de lettrés du roi Sejong pour remplacer les *hanja* (sinogrammes). Décrié et même longtemps banni, son emploi s'est répandu dans la péninsule après la 2nde Guerre mondiale. Ce système ingénieux constitué de 40 lettres (voyelles et consonnes), à l'apprentissage aisé, a éradiqué l'illettrisme. Si les *hanja* sont parfois utilisés en cas d'homophonie, le *hangeul* a définitivement conquis tout le pays.

Suwon Mandu 수원만두
→ 6 Changnyongdaero 8-gil, Paldal-gu Tél. 031 255 5526 Tlj. 11h30-21h30
Près du palais Hwaseong Haenggung, à l'intérieur de la forteresse, ce petit restaurant chinois bon marché sert des *mandu* (gros raviolis) et des soupes savoureuses, à prix démocratiques. Plat à partir de 7 000₩.

Yongin
→ À 45 km au sud-est Bus 5001-1 ou 5002 de Gangnam Station (**E** B3)
Korean Folk Village *90 Minsokchon-ro, Giheung-gu Tél. 031 288 0000 Horaires variables, voir www.koreanfolk.co.kr Tarif 25 000₩*
Everland *199 Everland-ro, Pogok-eup, Cheoin-gu Tél. 031 320 5000 Horaires variables, voir www.everland.com Tarif 60 000₩*
Ho-Am Art Museum *Mar.-dim. 10h-18h hoammuseum.org*
Outre le Korean Folk Village, un écomusée à ciel ouvert où l'on découvre les métiers traditionnels et l'on assiste à des spectacles musicaux et équestres, Yongin séduit aussi pour son parc d'attractions Everland, l'un des plus grands au monde. À voir dans ce complexe de loisirs, le Ho-Am Art Museum, un musée d'art traditionnel coréen.
Bazaar
S'installer à l'une des tables du bazar au Korean Folk Village, reconstitution d'un marché médiéval, pour déguster *bibimbap*, raviolis et nouilles froides. Plat 8 000-9 000₩.

Incheon
→ À 27 km à l'ouest Métro ligne 1
Chinatown *Seollin-dong et Bukseong-dong, Jung-gu*
Jadis appelée Chemulpo, cette ville portuaire industrieuse abrite le plus grand Chinatown de Corée, avec de nombreux restaurants, échoppes et boulangeries. Non loin, Freedom Park offre une vue plongeante sur le port et, sur la route vers le marché de Sinpo, on peut voir des vestiges d'architecture coloniale japonaise.
Mandabok 만다복
→ 36 Chinatown-ro, Jung-gu Tél. 032 773 3838 Tlj. 11h-21h30
Jajangmyeon, ces nouilles à la sauce de haricots noirs et *tangsuyuk*, des beignets de porc aigre-doux, attirent les foules dans cette vaste cantine chinoise. Plat 7 000-20 0000₩.

Gongju
→ À 125 km au sud Car (1h30) depuis l'Express Bus Terminal (**E** A3)
Ancienne capitale du royaume de Baekje, cette cité nonchalante abrite huit sites classés par l'Unesco, notamment le parc des tumuli royaux de Songsan-ri et la forteresse de Gongsan, avec le temple Yeongeunsa et le bassin du Lotus, Yeonji. Un endroit parfait pour fuir la pollution de l'actuelle capitale !
Gomanarudol Ssambap 고마나루돌쌈밥
→ 5-1, Baekmigoeul-gil Tél. 041 857 9999 Tlj. 11h-21h
À l'entrée de la forteresse, ce restaurant familial régale visiteurs et locaux de délicieux *ssambap*, à préparer soi-même en enveloppant légumes frais, riz et viande dans des feuilles de salade et de plantes aromatiques. Plat 8 000-16 000₩.

Mont Bukhansan

DMZ

TENDANCE(S)

"SPORT ÉLECTRONIQUE"
Des affrontements par clavier interposé, de pros du jeu vidéo ! Pour voir un match : **Nexon Arena (E** B3) *arena.nexon.com*

K-POP
La pop sud-coréenne et ses idoles à la plastique de rêve déchaînent les fans ! CD et collectors à Myeong-dong (**C**), et plongée dans l'univers des BTS au HYBE Insight Museum – *42, Hangang-daero* (**D** A4).

TOUR DES MURAILLES
La marche à pied est une vraie passion coréenne. Le must ? Arpenter la muraille de Séoul ! Le tour complet prend une journée : *seoulcitywall.seoul.go.kr*

QUARTIERS À SUIVRE
À Hongdae (**F** D2), l'ancienne ligne ferroviaire **Gyeongui** est devenue une promenade verdoyante, bordée de cafés *trendy*. Elle s'étend aussi en partie dans le quartier de **Yeonnam-dong**, fief des boutiques de créateurs et cafés arty. Un symbole de la renaissance de Séoul, avec **Seonyudo (F** C3).

STREET ART
Sur le flanc ouest du mont Naksan (hors plan **B** F3), les rues en pentes du quartier d'Ihwa-dong sont le terrain de jeux des artistes graffeurs !

de plat ou de cuisine. On trouve à manger partout en ville, à n'importe quelle heure du jour ou de la nuit.

BANQUETS
Dans certains restaurants, menus complets constitués d'une farandole de petits plats. Y aller à plusieurs !

Hanjeongsik
Ou "table d'hôte coréenne" : menu de mets authentiques et raffinés dont le nombre varie entre 3 et 10, apportés à table par séries. Gargantuesque !

Surasang
Ou "banquet royal" : on goûte aux recettes des cuisiniers de la cour, préparées avec des ingrédients de haute qualité.

Sachal eumsik
La "cuisine bouddhiste", simple et naturelle, idéale pour les végétariens !

POURBOIRE
Pas de pourboire.

VISITES

INTEGRATED PASS
→ En vente aux guichets des musées concernés 10 000₩
Carte pour les 5 principaux palais royaux de Séoul.

SEOUL CITY TOUR BUS
→ Tél. 777 6090 Mar.-dim. 9h-20h Ttes les 30 min Arrêt principal : Gwanghwamun Station sortie 6 (**A** B4)
Achat dans le bus www.seoulcitybus.com
4 circuits et 22 arrêts dans la ville pour une balade en bus reliant les sites importants. Packages sur 2-3 jours.

VISITES GUIDÉES
Royal Asiatic Society
→ Tél. 763 9483 Lun.-ven. 10h-12h, 14h-17h www.raskb.com
Visites thématiques (en anglais) à pied dans la ville, à la découverte de l'histoire, de la culture et de l'art...

SORTIES

PROGRAMMES
Agenda expos, concerts, spectacles, ciné, sport dans les deux hebdos *Seoul* et *10 Magazine*, distribués dans les hôtels, les cafés, etc.

À LA CORÉENNE
Noraebang
Le grand favori des soirées arrosées : le karaoké. Pour chanter (en privé) jusqu'au bout de la nuit (ils sont ouverts 24h/24).

Pojang macha
Les gargotes (bâchées) sur les trottoirs, idéales pour lier connaissance autour de verres de *soju*. On y mange aussi à petit prix. Ouvert le soir, jusqu'au dernier client. Mais en voie de disparition, hélas.

Jjimjilbang
Bains/saunas où l'on vient en fin de journée. Ouverts 24h/24, on peut donc également y dormir.

SHOPPING

Marchés traditionnels ouverts non-stop, boutiques débordant de marchandises ou *concept-stores* rutilants, les Séouliens ont la fièvre acheteuse ! À savoir : sur les marchés, payer en liquide permet parfois de marchander.

CONVENIENCE STORES
Supérettes (CU, GS25, Emart24, 7-Eleven, etc.) ouvertes 24h/24, 7j./7, même les jours de congés. On en trouve absolument partout.

TRAIN

GARES
Seoul Station (D A1)
Principale gare KTX (TGV local) et grandes lignes.

Yongsan Station (D A3)
→40-1 Hangangno 3-ga, Yongsan-gu
Desserte régionale, grandes lignes et KTX.

KORAIL
→www.korail.com
Réservations en ligne de tous les billets de train.

KR Pass
→Passeport de 1, 3, 5, 7 j. réservé aux touristes, à acheter sur www.seoultravelpass.com
Accès illimité à tous les trains du réseau Korail.

SÉOUL AUTREMENT

EN BATEAU
E-Land Cruise (F E4)
→ 280 Yeouidong-ro, Yeongdeungpo-gu Tél. 6291 6900 Tlj. 9h-20h www.elandcruise.com Croisière standard (40 min) 12 000₩
Plusieurs types de croisières sur le fleuve Han au départ de Yeouido (**F** E4). Très agréable à la tombée du jour.

PETIT LEXIQUE

Oui / non : *Ne / aniyo*
Bonjour : *annyeong haseyo*
Au revoir : *annyeonghi kaseyo* (quand le locuteur reste) / *annyeonghi kyeseyo* (quand il part)
Merci : *kamsa hamnida* (formel) / *gomaweoyo* (courant)

AÉROPORTS

INCHEON (ICN)
→ *Infos*
Tél. 032 741 0114
www.airport.kr
À 52 km à l'ouest.
Vols internationaux.
Liaisons centre-ville
→ *Train AREX :*
40-50 min, 14 800₩
→ *Bus : 1h env.,*
10 000-15 000₩
→ *Taxi : 1h, 70 000₩*
env.
GIMPO (GMP)
→ *Infos Tél. 2660 4461*
www.airport.co.kr
À 18 km à l'ouest. Vols nationaux et certains vols internationaux.
Liaisons centre-ville
→ *Métro 5 ou 9 :*
1h, 1 350₩
→ *Bus : 50 min,*
1 200-5 000₩
→ *Taxi : 50 min,*
25 000₩ env.

3 oct. (Fête nationale), 9 oct. (Fête de l'alphabet hangeul), 25 déc.

JANVIER-FÉVRIER

Seollal
→ *Les 3 premiers jours du 1er mois lunaire*
Célébrations en famille.

AVRIL-JUIN

Lotus Lantern Festival
→ *Fin avr. www.llf.or.kr*
Défilé de lanternes pour célébrer la naissance de Bouddha, le long de Jong-ro (**C** C1).

Seoul Bamdokkaebi Night Market
→ *Avr.-oct. bamdokkaebi.org*
Marchés ambulants dans toute la ville. Food trucks, artisanat, concerts...

Jongmyo Daeje
→ *1er dim. de mai*
Cérémonies rituelles alliant musique, chant et danse au sanctuaire Jongmyo (**B** D3).

World DJ Festival
→ *3 j. en mai-juin www.wdjfest.com*
Sets de DJ coréens et étrangers en pleine nature.

JUILLET-AOÛT

Seoul Fringe Festival
→ *2 sem. en août seoulfringefestival.net*
Tout l'art underground au World Cup Stadium (**F** C2).

SEPTEMBRE-NOVEMBRE

Korea International Art Fair
→ *5 j. en oct. kiaf.org*
Salon d'art contemporain, au COEX (**E** C3).

Seoul Fireworks Festival
→ *Un soir début oct.*
Démonstrations d'artificiers du monde entier à Yeouido, au Hangang park (**F** D3).

Chuseok
→ *3 j. au 15e jour du 8e mois lunaire*
Grande fête traditionnelle et période de congés. On visite les aïeux et déguste en famille des *songpyeon* (*tteok* en forme de demi-lune). Séoul vit au ralenti...

Seoul Street Arts Festival
→ *Oct. ssaf.or.kr*
Concerts, feux d'artifice, jeux et parades dans les parcs, et spectacles de rue autour de Gwanghwamun (**A**).

Seoul International Dance Festival
→ *15 j. en oct. sidance.org*
Festival de danse contemporaine, au Seoul Art Center (**E** A4) et en ville.

Performing Arts Festival
→ *1 mois en oct.-nov. spaf.or.kr*
Festival de danse, théâtre coréen...
Au Seoul Art Center (**E** A4) et dans les théâtres de Daehakno (**B** F2) et Myeong-dong (**C** C2).

Seoul Lantern Festival
→ *2 sem. en nov.*
Le cours de la rivière Cheonggye (**C**) se peuple de lanternes et de chars illuminés. Féerique !

ARGENT

CARTES BANCAIRES
Acceptées dans la plupart des hôtels et restaurants, sauf les plus modestes. Distributeurs dans les banques, les stations de métro et les *convenience stores*, mais tous n'acceptent pas les cartes étrangères.

BUDGET
Une chambre double bien située : 70 000-120 000₩
Un barbecue coréen : 20 000-30 000₩
Un interminable banquet : 60 000-200 000₩
Une bouteille de *soju* : 3 000-5 000₩
Une entrée dans les palais ou musées : gratuit-15 000₩

TRANSPORTS EN COMMUN

Réseau sûr et efficace !

MÉTRO

→ *Tlj. 5h-oh environ*
www.seoulmetro.co.kr
13 lignes. Affichage et annonces en coréen, et alphabet latin / anglais.

BUS

→ *Tlj. 4h30-1h env.*
Souvent signalés en coréen uniquement.

Ilban (city bus)
Jaune (lignes circulaires en centre-ville) ; vert (connectent les quartiers résidentiels aux stations de métro) ; bleu (entre arrondissements plus éloignés et le centre-ville).

Jwaseok (city express)
Connexions entre centre-ville et banlieues.

Maeul (minibus)
Desserte locale.

TICKETS ET CARTES

À acheter dans les distributeurs. Prix selon la distance (machines d'ajustement du tarif à la sortie en cas de dépassement du trajet).

À l'unité
→ *1 350-1 600₩*
(plus caution de 500₩)
Pas de correspondance intermodale.

T-Money card
→ *Carte 2500₩*
Trajet 1 250-1 500₩
Carte magnétique à recharger. Utilisable dans les métros, les bus (valider à la montée et à la descente), les taxis et pour faire des achats dans les distributeurs de snacks des stations ou les *convenience stores*.

et confort irréprochable au plus près des attractions de la ville. Double à partir de 70 000₩.

Hotel M (F D4)
→ *8 Gukhoe-daero 70-gil, Yeongdeungpo-gu*
Tél. 783 2271 hotelm.co.kr
Faisant face à l'Assemblée nationale, une façade impressionnante cache 70 luxueuses chambres et suites déclinées en rouge, jaune, noir, blanc ou or. Jacuzzi et douche "massante". À partir de 70 000₩ (pdj inclus).

Myeong Dong Guesthouse Como (C C3)
→ *17 Namsan-dong 3-ga, Jung-gu Tél. 755-5437*
www.mdguesthouse.com
Un *hostel* chaleureux pour descendre au cœur des boutiques et des marchés, tout en économisant son budget pour le shopping ! 80 000₩.

Kimchi Guest House (A A3)
→ *45-10 Jahamun-ro 1-gil, Jongno-gu Tél. 6339 6062*
Authenticité, charme et gentillesse se dévoilent passé la porte de cette petite *guesthouse*, située dans un *hanok* entre le palais de Gyeongbokgung et le parc de Sajikdan. 80 000₩.

Bukchon Maru Hanok Guesthouse (B B1)
→ *152 Changdeokgung-gil, Jongno-gu Tél. 010 3253 8751*
www.bukchonmaru.com
Au cœur de Bukchon, ce *hanok* familial et plein de charme a accueilli de hauts fonctionnaires de la fin de la dynastie Joseon. 92 000₩.

+ DE 100 000₩

Makers Hotel (B C4)
→ *33 Donhwamun-ro 11-gil, Jongno-gu Tél. 747 5000*
www.makers-hotel.com
Cet hôtel design est idéalement situé, à l'orée du quartier hipster de Ikseon-dong. À partir de 100 000₩ (pdj inclus).

Metro Hotel (C C2)
→ *14 Myeongdong 9ga-gil, Jung-gu Tél. 752 1112*
www.metrohotel.co.kr
Un hôtel simple, mais confortable, au cœur d'un quartier animé. 110 000-145 000₩.

Imperial Palace Boutique Hotel (D D6)
→ *221 Itaewon-ro, Yongsan-gu*
Tél. 3702 8000
www.imperialpalaceboutiquehotel.com
Un pimpant hôtel au design clinquant ! 133 chambres dont 6 suites, ornées de joyeuses fresques contemporaines. À partir de 130 000₩.

M Chereville (E B3)
→ *17 Gangnam-daero 61-gil, Seocho-gu*
Tél. 447 9959
www.mchereville.net
Appartements de deux ou trois pièces, entièrement meublés et suréquipés ! Prestations de grande qualité. 132 000₩ pour 1 ou 2 pers.

Cheong Yeon Jae Hanok Hotel (B B2)
→ *13-2 Bukchon-ro 6-gil, Jongno-gu Tél. 744 9200*
www.hcyj.kr
À Bukchon, un superbe *hanok* rénové, tout de bois et de panneaux coulissants, autour d'une cour intérieure herbue. 150 000-180 000₩ (pdj inclus).

Rak Ko Jae (B B2)
→ *218 Gahoe-dong, Jongno-gu Tél. 742 3410*
www.rkj.co.kr
Dans ce *hanok* de 1934, on découvre toute l'élégance des traditions coréennes. Sauna aux murs en argile et spectacles de musique traditionnelle. 250 000-330 000₩ (pdj inclus).

TAXI

→ *Tél. 1644 2255 (anglais)*
Peu onéreux et pratiques (sauf aux heures de pointe), on en trouve partout et à toute heure. Écrire sa destination en coréen ou appeler un service d'interprétation. Carte de métro T-Money et principales cartes de crédit acceptées.

ILBAN (TAXIS BLANCS, ORANGE OU ARGENTÉS)

→ *Prise en charge + 2 km 3 800₩, puis 100₩ chaque 132 m et chaque 31 sec. (+ 20% entre 23h-4h)*

MOBEOM (TAXIS DE LUXE NOIRS)

→ *Prise en charge + 3 km 6 500₩, puis 200₩ chaque 164 m (+ 20% entre 23h-4h)*

VÉLO

Trafic dense et encore peu de pistes cyclables, sauf le long du fleuve. Location dans les parcs, et système public de vélos en libre-service, Bike Seoul.

Bike Seoul
→ *Tél. 1599 0120*
www.bikeseoul.com
Carte 1h : 1 000₩ ; 2h : 2 000₩ (200₩ par tranche de 5 min. suppl.) ; 1j. : 5 000₩

CAR

GARES ROUTIÈRES

Seoul Express (**E** A3)
→*194 Sinbanpo-ro, Seocho-gu*
Tél. 1688 4700
www.exterminal.co.kr
Cars vers toutes les villes : Busan, Sokcho, Mokpo, Daejeon, Gwangju...

Nambu (**E** A4)
→*1446-1 Seocho-dong, Seocho-gu*
Tél. 521 8550
www.kobus.co.kr
Cars à destination de la province de Gyeonggi : Pyeong-taek, Yanseong...

Dong Seoul (**E** E2)
→*50 Gangbyeonnyeok-ro, Gwangjin-gu*
Tél. 1688 5979
Cars vers les grandes villes.

Sangbong (hors plan **E**)
→*117 Sangbong-ro, Jungnang-gu*
Tél. 323 5885
Cars à destination du Sud : Daejeon, Gwangju...

TOURS

K-Shuttle
→*www.k-shuttle.com*
Cars touristiques : deux lignes à travers le pays.

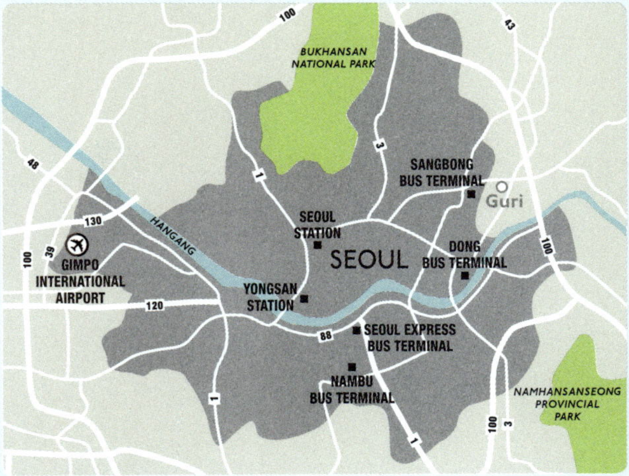

HÉBERGEMENT

Séoul offre un large choix d'hébergement pour tous les budgets. Les plus typiques : les auberges dans les hanok tout en bois, où l'on dort sur des futons dépliés sur un sol chauffant (ondol). Attention : chambres assez petites, portes basses, cloisons fines et sdb souvent communes. Plus classiques : les grands hôtels à l'occidentale et les yeogwan (motels). En cas de besoin, les saunas (jjimjilbang), ouverts non-stop, offrent une salle de repos. Sauf mention contraire, les prix indiqués sont ceux d'une chambre double standard avec salle de bains (sdb) et Wi-Fi, petit déjeuner (pdj) non inclus. Dans les grands hôtels, il faut ajouter 11 % de taxe et 10 % de service.

TEMPLES

Temple Stay (**B** A3)
→ *55 Ujeongguk-ro, Jongno-gu*
Tél. 768 8556
www.templestay.com
Face au Jogyesa, ce centre regroupe toutes les offres de séjours dans les temples bouddhistes du pays. Plusieurs programmes : 1 journée 30 000₩, 2 jours/1 nuit 50 000-70 000₩, tout inclus.

- DE 70 000₩

Beewon Guesthouse (**B** C3)
→ *77-4 Donhwamun-ro 11ga-gil, Jongno-gu*
Tél. 765 0670 www.beewonguesthouse.com
Un immeuble en brique et 23 chambres et dortoirs impeccables. Laverie et cuisine. Très convivial. Dortoir 17 000₩/pers., double 50 000₩.

Time Travelers Party Guest House (**F** D2)
→ *11 Yeonhui-ro 2-gil, Mapo-gu*
Tél. 010 6892 0333
Une auberge rouge et blanche, située à deux pas de l'animation des grandes universités. Dortoir 22 000₩/pers.

G Itaewon Guesthouse (**D** C6)
→ *131-11 Itaewon-dong, Yongsan-gu Tél. 795 0015*
en.gguest.com
Au cœur d'Itaewon, cette auberge à la décoration industrielle est un bon point de chute pour rayonner entre les rives nord et sud du fleuve Han. Dortoir 27 000₩/pers., double dès 72 000₩ (pdj. inclus)

Center Mark Hotel (**B** B4)
→ *38 Insadong 5-gil, Jongno-gu Tél. 731 1000*
www.centermarkhotel.com
Ce fier hôtel contemporain se dresse au cœur d'Insa-dong. Chambres à l'occidental élégantes, propres et fonctionnelles. À partir de 60 000₩.

70 000-100 000₩

Hide & Seek (**A** B3)
→ *14 Jahamun-ro 6-gil, Jongno-gu Tél. 6925 5916*
www.hidenseek.co.kr
À deux pas du palais Gyeongbokgung, un hôtel de charme sur le thème des quatre saisons. Esprit vintage. 70 000-80 000₩.

Ibis Styles Ambassador Seoul Myeongdong (**C** C3)
→ *302 Samil-daero, Jung-gu Tél. 6020 8888*
www.ambatel.com
Intérieur design et coloré,

INDEX

Les noms de rues, de monuments et de lieux de visite, classés par ordre alphabétique, sont suivis d'un carroyage, dont la lettre en gras A, B, C... indique le quartier et la carte correspondante. 📍 renvoie aux "Incontournables", en début de guide.

RUES

ARRONDISSEMENTS (-GU), QUARTIERS (-DONG)

MONUMENTS ET LIEUX DE VISITE

Guides CARTOVILLE Gallimard
5, rue Gaston-Gallimard
75007 Paris
cartoville@gallimard-loisirs.fr
guides-gallimard.fr

Auteurs
Séverine Bascot
À Séoul
Frédéric Ojardias,
Clément Charles

Suivi éditorial
Ariane Tahar

Photographies
Séverine Bascot.
Frédéric Ojardias pour les photos suivantes :
A Killibanban, Yongin Market
A ★ Museum of Modern and Contemporary Art, Museum of Korean Contemporary History
F ★ Comfort Women Museum.
Shutterstock pour les photos suivantes :
Couverture Secret Garden © trabantos, panorama © Tonoitoo
Édito © Rudy Balasko
Incontournables Bukchon © Aeypix ; Gyeongbokgung © FenlioQ ; Jongmyo © Sanga Park ; War Memorial of Korea © SnapTPhotography ; Gangnam © ARTYOORAN
Séoul Autrement Base-ball © BRS images ; Lotte World Tower © Johnathan21 ; Soju © me Darat ; Jjimjilbang © 2u ; Inwangsan © trabantos
Séoul en 3 jours Ruelle Ikseon-dong © LegoCamera
A ★ Cheong Wa Dae © Efired ; Gyeonghuigung © Shepps
B Insa-dong © LegoCamera ; Ssamziegil © ARTYOORAN
B ★ Secret Garden © Efired ; Bukchon (toits) © Jana D. Bescat ; Unhyeongung © Wei Jun Wong ; Jogyesa © Zoran Karapancev
C Myeong-dong © Roman Babakin
C ★ Seoullo 7017 © LegoCamera ; Namsangol Traditional Korean Village © Avigator Fortuner ; Cheonggyecheon © TravelSH ; Sewing History Museum © Stock for you ; Dongdaemun Design Plaza © Nattakit Jeerapatmaitree
D ★ N Seoul Tower © kikujungboy CC **E** COEX / Starfield Library © Sanga Park
E ★ Bongeunsa © Pairat Pinijkul ; Lotte World Tower © trabantos; Seoul Baekje Museum © Jonathan2 ; Seoul Forest © Stock for you
F The Hyundai Seoul © emeskei
F ★ Seodaemun Prison History Hall © trabantos ; Ewha Womans University © Phurinee Chinakathum ; Seonyudo Park © K_UriNara
Environs Mont Bukhansan © Guitar photographer ; Yongin © Studio JH ; DMZ © FiledIMAGE.
Autres :
Séoul Autrement Temple Stay © Geumsunsa Temple
Séoul en 3 jours Street food © Nicolas Dupont
C Nanta © Nanta
C ★ Deoksugung © Nicolas Dupont
D Gida Sushi et Prost © Clément Charles
D ★ National Museum of Korea © Clément Charles
F ★ Oil Tank Culture Park © Clément Charles

Cartographie
EdiCarto @ Gallimard Loisirs
Carte du métro © SMRT

Remerciements à
Maureen O'Crowley, Christina Song et Michael P. Spavor du STO (Seoul Tourism Organization), Heesun Kim du Seoul Metropolitan Government, Sandra Mullard de l'Office national du tourisme coréen à Paris, ainsi que Ki-Hwan Park, Claire Jung, Yong-Hee Kim, Juheui Marcella Seo, Lu J. Boon, Capucine Monteil, Vincent Park, Agnès Ziegelmayer, Arnaud Dupont, Julien Mahuzier, Pierre Biancarelli, Nicolas Piccato, Jean-François Claude, Jérôme Chalansonnet, Seol Eu-jeong, Charlotte Lebon.

1er dépôt légal : mars 2011
Dépôt légal : septembre 2022
Numéro d'édition : 434064
ISBN 978-2-7424-6413-5
Photogravure : Desk (Laval).
Imprimé en Chine par C&C Offset.

Édition mise à jour, publiée en 2022

Métro à Séoul

Seoul Metro

www.seoulmetro.co.kr

Metro Lines in Seoul Metropolita

首尔及首都圈地铁路线图 ソウル首都圏路